根本裕幸 著
ユニバーサル・パブリシング シナリオ制作
ひげ羽扇 作画

マンガでやさしくわかる 敏感すぎるあなたがラクになる方法

日本能率協会マネジメントセンター

はじめに

私のブログ読者をはじめ、カウンセリングやセミナーを利用してくださる方に「相手の気持ちを考えすぎて人間関係に疲れてしまうタイプ」がたくさんいらっしゃいました。

彼女、彼らは一見、特に問題を抱えているようには見えず、むしろ仕事や恋愛や結婚生活を楽しんでいるように感じられます。しかし、よくよくお話をうかがうと、どこか人間関係に窮屈さを感じて疲れてしまうことが多く、さらに具体的には次のような傾向があることがわかってきました。

- ☑自分の気持ちを我慢してまわりの人に合わせることが多い
- ☑場の空気を読んで行動するために、自分の気持ちはあと回しになる
- ☑人のためによかれと思って行動している（気を利かせている）ことが多い
- ☑まわりの人に振り回されて疲れてしまうことがある
- ☑人の顔色をうかがって自分の意見を言うのにためらってしまう
- ☑自己嫌悪がとても強い
- ☑他人からの評価が気になって委縮してしまう
- ☑嫌われるのが怖くて相手に合わせてしまう

☑**頑張って相手に尽くしているのに報われない**

☑**自分さえ我慢すれば、と思う気持ちが強い**

☑**人と一緒にいるときは笑顔でいられるが、ひとりになるとドッと疲れてしまう**

☑**まわりから「いい人」だと思われている**

☑**人間関係で「損な役回り」をしていることが多いように思う**

みなさんはいかがでしょうか？　いくつか思い当たるところはありましたか？

こういった方々は人の気持ちがわかり、配慮することができ、そして上手に振る舞うことができる一方で、どこか自己犠牲的で、自分よりも他人を優先してしまうところがあるようです。つまり、相手の気持ちがわかるがゆえに、ついつい自分をあと回しにしてしまうのです。だから人間関係に疲れやすいのですね。

そんな方々を私は「**敏感すぎる人**」あるいは「**お察し上手な人**」と呼んでいます。彼女、彼らは感受性にとても優れ、場の空気や相手の気持ちを上手に察することができるのですが、その長所が災いして自分を苦しめてしまうなんて、とてももったいないことではないでしょうか？

そこで、その素晴らしい要素をちゃんと長所として活かせる考え方ややり方を、編集者「春日理香」の成長ストーリーにのせて紹介させていただいたのが本書です。

はじめ彼女は自分の意見を言えない自信のない編集者でした。まわりの人たちに振り回され、いつも自分を責めていました。そんな彼女が仕事を通じて出会ったカウンセラーの風早ちはるにさまざまなアドバイスをもらい、自分を見つめ直すことで、自分が本当にやりたかった仕事を目指してロンドンに飛び立つことを決めます。もし、先ほどのチェック項目にひとつでも当てはまるなら、きっと春日理香の生き方に共感できると思います。そして、彼女が風早ちはるのサポートによって自分を取り戻していくプロセスを一緒に体験していただけたらと思うのです。

その結果、人の気持ちを察することができ、場の空気を乱さずに振る舞えることが、**自分の強みであり、長所であるということに気づける**と同時に、私が「ライフワーク」と呼ぶ、**自分らしい人生を歩む道に踏み出せる**ことと思います。

それは私がいくつかの著作を通じて提唱している「**自分軸**」と「**自己肯定感**」というあり方を学ぶことにほかなりません。まずは「自分」に意識を向けること（自分軸）、そして長所も短所もいいところもダメなところも「それが私だから」と受け入れること（自己肯定感）により、どんな場面でも自分を見失わずに自分らしく振る舞えるようになるのです。

本書を読まれたみなさんの心がスーッと軽くなり、未来に希望をもっていただくと同時に、本書で紹介するワークを通じて人間関係がラクになったと実感できることを願っております。

楽しみながら読み進めていただければ幸いです。

根本裕幸

『マンガでやさしくわかる
敏感すぎるあなたがラクになる方法』

目次

ぐいっ

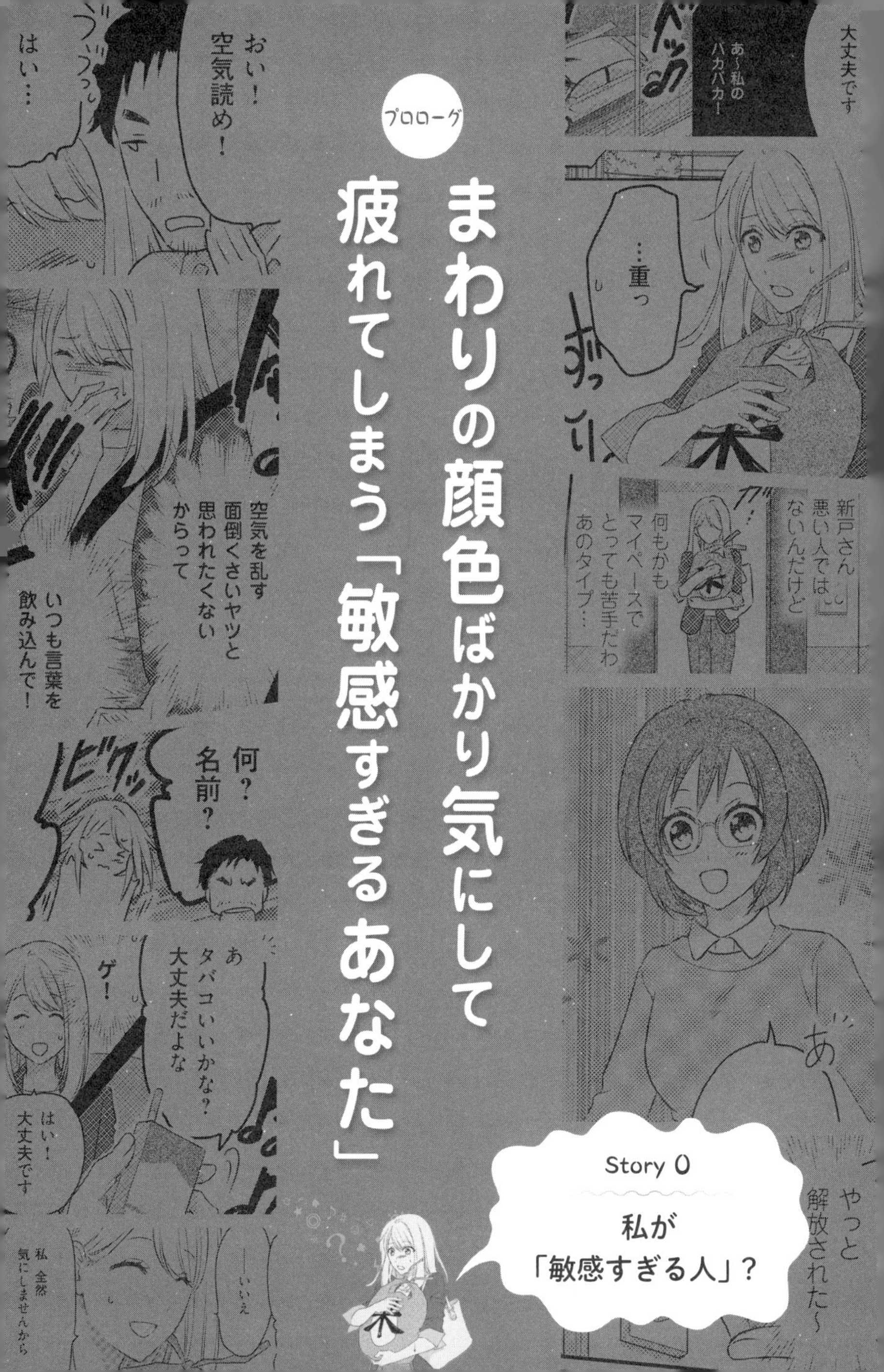

プロローグ

まわりの顔色ばかり気にして疲れてしまう「敏感すぎるあなた」

Story 0

私が「敏感すぎる人」？

PDCA出版
ガサッ
…よいっ…しょ…
…重っ
ずっしり
春日理香（26）フリーライター
ザザーッ

ガチャッ
おう
お待たせ
新戸拓也（38）
PDCA出版
書籍編集者
ザザザー
…っと
ザッ
あははは
いやぁ
掃除する暇なくてさ
汚くて悪いな！
――いいえ
私 全然
気にしませんから
今 後ろ
片づけるから
ドサッ
ドサッ
ドサッ
は―…
はい
準備OK！
ごちゃっ
…ありがとう
ございます

あ オレ
運転するとき
音楽がないと
ダメなの
いい?
はい
私も音楽なら
なんでも
好きですよ
そう
ちょっと
ハマってる
ヘビメタバンド
なんだよ
ボリューム
少し大きめ
だけど
うるさかったら
言って
ピッ
ピッ
ピッ
音量
ニッコー
――いえ
大丈夫です
あ～私の
バカバカ!
ドッ
ドゥンドゥンドゥ
なんで何も
言えないの!?

空気を乱す
面倒くさいヤツと
思われたくない
からって
いつも言葉を
飲み込んで！
ぎゅ…
ビクッ
この辺 あんま
来ねぇな！
根津先生の
関東事務所が
横浜なもんで
高島平とか
光が丘とかに
対応するために
埼玉
なんだって！
最っ悪!!!
新戸さんの
車で現場に
向かうなんて！
先生へのお土産が
あるからって
乗っちゃったけど
それも社長の
実家でとれた
新米ササニシキ
10キロ！
もう相変わらず
この出版社のセンス
信じられない！
米
次回からは
絶対…
なんとか…
現地集合！

ああっ…
NOが言えない
私ってバカ！
ね…根津先生
売れっ子だから…
あ？
声ちいせぇぞ
「売れっ子」？
そうなんだよ
今回のオレの企画
著者は3カ月
予約のとれない
人気心理カウンセラー
根津裕也と決めてたん
だけどな
忙しくて
書けないから
そのテーマなら
新進気鋭の愛弟子が
適任だと紹介して
くれたんだ
あ
タバコいいかな？
大丈夫だよな
ゲ！
はい！
大丈夫です
その
お弟子さん
3年間
根津先生のところにいて
超優秀らしい

今 SNSでも少しずつ評判になってきて
ウィィー…
これからブレイクするんじゃないかって営業がな…
ドンッ
そうなんですか
その方お名前は…
風早ちはる
なんでも一部上場のスゲーところ1年で辞めて
根津先生のところに来たそうだ
何？名前？
ビクッ
おめぇ声ちっちぇよ！
なんかオメーみたいだな春日！
うちの会社なんで1年で辞めたんだ？
うわ～直球！この人は！
あ あの～…

まあ
いいや
着いたぞ
じゃあ
先行ってて
車停めて
くるわ
はい
ピ。
プーッ
やっと
解放された〜
は〜……。
ハ〜ッ
ガー…
新戸さん
悪い人では
ないんだけど
何もかも
マイペースで
とっても苦手だわ
あのタイプ…
——私は1年で
PDCA出版を
辞めた
新戸さんの
後輩です
なんとか
新戸さんに
声をかけて
いただいて
ライターを
しています
カサッ
今回から
何回かに分けて
新進気鋭の
心理カウンセラー
風早先生の初単行本
制作のために
インタビューを
行います
出版企画書
『敏感すぎるあ
〔概要〕
コンセプト
内容
仕様

ポーンッ
3階です
ご予約の方は
こちらに記入して
待合室で
お待ち下さい。
カサッ
何だろ…
□ 他人に気をつかいすぎる
□ 人目を気にする
□ まわりの人がどう思っているかが気になる
□ 批判、否定されるのが怖い
□ バカにされたり、見下されるんじゃないかという恐れがある
□ 仲間外れになったり、一人だけ浮いてしまうのが怖い
□ 間違いを犯すのが怖い。失敗するのが怖い
…やだ
全部チェックじゃない！
ん
なんだこりゃ
カサッ
新戸さん
□ 皆と一緒だと安心する
□ 期待に応えなきゃと思っているしそう生きてきた
□ まわりを失望させるのはすごく怖いし嫌だ
□ 自分に自信がもてない
□ 自分にはあまり長所や突出したものがないと思う
□ 我慢しすぎているところがある
□ 嫌われるのが嫌で、無理してしまうことがある
□ 本当の自分の姿がバレたら、きっと人に嫌われると思っている
□ 小さい頃から自分の意見を押し殺してきた
ガチャッ
お待たせしてすみません

あ
早速 チェックシート やっていただいたの？
いやぁ 私
まるで チェック項目が ないんですよ
バカにさ
じゃない
仲間外れ
浮いてし
間違いを
るのが怖
ほかの人と
たったふたつ!?
やだ！
私の なんて…
おい！ 空気読め！
はい…
どれどれ
――あら

敏感すぎる人…
…ね
こいつがあ？
皆と一緒
期待に
そうか
まわ
いし
自分
自分
のか
我慢
嫌わ
うこ
本当
人に好
小さい
てきた
他人に気をつか
人目を気にする
まわりの人が
が気になる
批判、否定
バカにさ
じゃない
仲間外
浮い
間違
るの
ほか
自分
にこ

プロローグ
解説❶

敏感すぎる人が人間関係をこじらせるわけ

「はじめに」でも述べましたが、「自分の気持ちを我慢してまわりの人に合わせることが多い」「場の空気を読んで行動するために、自分の気持ちはあと回しになる」「人の顔色をうかがって自分の意見を言うのにためらってしまう」「自己嫌悪がとても強い」「人間関係で『損な役回り』をしていることが多いように思う」……といったタイプの人は、大なり小なり日本人の気質として大勢いると思います。そして、それをこじらせて人間関係や生き方に悩んでいらっしゃる方を、本書では「敏感すぎる人」と呼ぶことにします。

思い当たる人も、そこまではと感じている人も、本書を読むことで、「自己肯定感」を高め、毎日イキイキとすごし、充実した人生

の実現に近づけることを願っています。

✸敏感すぎる人はお察し上手

他人の心を察することに敏感すぎる人は、**人と接するとき、人間関係を先読みして、順序よく考えていく癖**がついています。そして知らず知らず自分より他人を優先させていくのです。

「自分がこうしたら、相手はこう言うだろう。だから、次はこうして、相手もこうするだろうから、それで自分はこうする」……と相手の言動をシミュレーションして将棋の対局のようにずっと先の手まで読んでしまう。しかし、**人間関係にはルールがあってないようなもの**です。相手はあなたの行動をわかってくれるわけでもないですし、相手の気持ちや行動を先読みしたところで「答え」はありません。そして、さらに自分のことより相手のことを考える羽目になってしまいます。

結果、自分の行動を正しく評価されないどころか、最後は「考えすぎて、何も手につかない……」というがんじがらめの状態に、あなたは陥ってしまいます。

相手は、**あなたがそこまで自分のことを考えてくれているとは思いもしません**。「はっきりしないヤツだな。何考えているのかわからないんだよ！」と、あなたの努力は報われず、逆に相手を怒らせてしまうケースさえ出てくるのです。

その挙句、「あれ？　自分の何がまずかったのかな？」と自分を責めることとなり、「自己肯定感」がどんどん下がってしまいます。

自己肯定感とは、今の自分をありのまま認めることで、「今の自分に自信をもつこと」といってもいいかもしれません。

自己肯定感が下がると次のような悪循環に陥ります。

自己肯定感が下がる

⬇自分の言動に自信がもてなくなる
⬇失敗するのが怖くなっていっそう慎重になる
⬇ますます相手の気持ちにアンテナを張る
⬇相手は、そうしたあなたの気持ちに気づくことなく、あなたから見れば自分勝手な振る舞いを続ける
⬇すると、相手に対する苦手意識や嫌悪感が強くなり、関係が悪化していく

こうした残念なすれ違いは、やるせなさ、むなしさ、悔しさ、無意味感、怒りなど、さまざまなネガティブ感情を生み、**「よかれと思ってやっている」のに、報われない現状をつくり出します。**

しかも、敏感すぎる人は、相手に文句を言ったり、苦言を呈したりするにも「もし口を挟んだらどうなるか?」を真っ先に考え、**空気を乱してしまうことを危惧**します。言いたい気持ちを我慢して抱え込みやすくなり、知らず知らずのうちにストレスを溜め込んでしまうのです。

さらに心理的には、相手への気持ちの同調だけでなく、能力についても「自分ができるんだから、ほかの人だってできるはず」と**自分の思い込みを投影**してしまいます。

そこでキーポイントになるのが自己肯定感です。自己肯定感が低いと、さらに自分の価値を低く見積もり、自分を卑下した思い込みをしてしまいます。通常、自己肯定感が低いと、こうした自己卑下の働きが強くなります。

しかも敏感すぎる人は、自己肯定感が低い状態でさらに自分の思い込みを投影し、「私の気持ちを察することができるのにそうしてくれないのは、私のことを嫌ってバカにしているせいだ」と**勝手に不要な誤解をしてしまう**のです。

あなたの「敏感すぎる力」はとても素晴らしいものです。それはあなたの長所であり、価値です。それを自分で卑下せずに、しっかりと受け取っていないと、他人に期待しすぎて、誤解を抱えることになります。最後には、期待が裏切られて、どんどんつらい思いが積み重なってしまいます。

これではせっかくの長所が生かされないばかりか、むしろ短所となって働いてしまうことが多くなるでしょう。

ですから、まずはそのことを認識しましょう。そうすれば他人への期待はだいぶ薄れます。

「私は人一倍、人の気持ちを察する能力をもっている」

こうした**自覚をしっかりもつこと**が大事なのです。

また、人間関係は、

「**ワンマン社長のもとにはイエスマンしか残らない**」

「**ヒステリックな女性の夫は大人しい**」

という具合に、不思議なほどプラス・マイナスのバランスを保つようにできています。

あなたが敏感すぎる人だとすると、この「**バランスの法則**」によって、**あなたの近くには無神経な人が集まりやすくなる**ものです。

「**仕事でこんなに頑張ってるのに、何で評価してもらえないの？**」

「**家族のことをあれこれ察して動いているのに、どうしてみんな気づかないの？**」

と思ってしまう原因の多くはこれです。

「バランスの法則」から考えると、あなたが一生懸命、気をつかおうとしている相手は、あなたほど「お察し上手」でもなければ、細やかな性格でもない、ということです。

それならば「もし、自分が言われたらきっと傷つくだろう」と思われる言葉でも、意外に相手はすんなりと受け入れる可能性が高いのです。

すなわち**「こういう言い方をしたら嫌な気分にさせるんじゃないか？」などという配慮は、じつは不要なケースが多い**のです。

次からは、実際に悩まれていたり、つらい目にあってしまったりした人たちのエピソードを交えてご紹介します。

もしかしたら、あなたにとてもそっくりな人がいるかもしれません。

◉敏感すぎる人が陥る幻想①

「いつかわかってもらえる」

「この書類、わかりやすいように整理しておきました」

「お父さんが元気に会社に行けるように、毎朝早起きしてご飯をつくってるの」

敏感すぎる人たちは、こうした言葉のアピールはとても苦手です。

そんな発言をしたら相手がどう思うか・感じるかを考えてしまうし、それを聞いたまわりの人たちが恐縮したり、嫌な気分になるんじゃないかと察してしまうからです。

例1

ある社長さんからこんな話を聞きました。

夏休みに奥さんが子どもを連れて実家に帰ってしまったときのこと、社長さんは当時とても多忙で、単なる夏休みの帰省だろうとタカをくくっていました。

しかし、取引先の社長から「奥さんとうまくいってないのか？」と思いもよらないひと言。そして、取引先の社長は「靴、靴」と、彼の靴を指差しました。

「君の、ピカピカの靴やアイロンがけでピシッとなったシャツを見て、きちんと君を支えてる奥さんはすごいなあ、と内心いつも思っていたんだけど、今日の靴はお世辞にもきれいとは言えない。だから、奥さんとの間に何かあったのかと思ったんだよ」

彼はそのひと言に頭をハンマーで殴られたような衝撃を受けました。結婚して15年、思い返してみれば、彼が帰宅するタイミングで必ず温かい食事ができているし、お風呂から上がればきちんと寝間着が用意されている。仕事中心で子育てにはほとんどかかわっていないけれど、子どもたちもちゃんと自分を尊敬してくれている。

そうした当たり前の日常がすべて奥さんの配慮によるものと気づいたのです。

彼は奥さんの実家に飛んで行って、今までの非礼を詫びました。奥さんは「わかってくれたならそれでいいの」とぽつりと言って、家に戻ってくれたといいます。

アドバイス❶

彼の奥さんのように、「**いつかは気づいてもらえる**」こともあると思いますが、このケースではなんと約15年もかかってしまいました。

彼の奥さんがどんな思いで靴を磨いたり、ご飯をつくったりしていたのか。黙って実家に帰ってしまうくらいですから、よほど我慢されたのだろうと思います。

相手の気持ちや行動を先読みし、陰でこっそり気づかいができる敏感すぎる人たちは、**相手のためを思って行動したことをアピールしないといけません。**

職場にはあなたと同じように敏感すぎる人がいて、あなたの言動をちゃんと見てくれている場合もありますが、そのすべてを見ることは不可能です。その人も、あなた以外の人への気づかいで忙しいかもしれません。

「自分がどのように思って、どのように行動したのか」を、まわりに具体的な言葉で伝えていく方法を身につける必要があります。

口頭でもいいですし、手紙でもかまいません。もし、相手に気づいてほしい、わかってほしいと思うのならば、**待つのではなく、コミュニケーションをとることがとても大事**だと思うのです。

◉敏感すぎる人が陥る幻想②

「自分が我慢すれば丸く収まる」

敏感すぎる人の中には、「**自分が我慢すれば丸く収まる**」という思いに縛られている人も珍しくありません。

「まわりの雰囲気がよくなること」
「人に不快感を与えないこと」
「自分の気持ちよりもスムーズに物事が進むこと」

こうしたことを特に優先させたい「平和主義」的な人によく見られる傾向です。**揉めごとになるくらいなら自分が我慢をするほうがいい**と思ってしまうのです。

これは子どもの頃からの癖になってしまっている人も少なくありません。

「相手にひどい態度をとられても、何も言えず口ごもってしまう」
「配慮に気づいてもらえず、『仕方ないな』とあきらめてしまう」

敏感すぎる人ほど、その場の空気を読み、そしてその場を平和に収めるためにエネルギーを使います。

しかし、**これは「犠牲」です**。自分の心を抑え込んでしまう行為です。

この「犠牲」をしつづける限り、あなたはずっと無神経な人に振り回されてしまうのです。

私たちは無意識のうちに「相手も自分と同じ」と思い込んでいるところがあります。これを**「投影の法則」**といいます。

「私が相手の気持ちをよく察するように、相手もきっと私の気持ちを察してくれるだろう」と思ってしまうのです。

もちろん、頭で考えれば「人はみんな違うんだから」「相手に同じことを求めるのは間違い」とわかります。

ですが、心の動きは「自分とは違う」と頭で理解する前に相手に自分と同じ行動を求めてしまうのです。

そうした思いが、「犠牲」をしつづけることで、ときとして「**あなたの気持ちをこれだけ察しているのだから、あなたも私の気持ちを察してほしい**」という「期待」に変わるのです。あとでふれますが、「**期待は必ず裏切られる**」という法則がありますから、相手はあなたの気持ちを全然察してくれずにがっかりする目にあうのです。

また、相手が自分の気持ちを察してくれないとき、「私のことが嫌いだから？」「怒ってる？」などと勝手な判断をしてしまい、悩みを増やしてしまうこともあります。

◉敏感な人が陥る幻想③

「これだけ頑張れば、喜んでもらえる」

人が**心の中で抱いた期待は、簡単に裏切られる**という法則があります。

「これだけの配慮をしたんだ。相手は私をちゃんと評価してくれるはず」

「相手の気持ちに寄り添う提案をしたんだから、相手は喜ぶに違いない」

「きっと相手はこう考えるから、こういうふうにしておけば問題は起こらないだろう」

「～のはず」「～してくれるに違いない」「～してくれるだろう」という気持ちの裏には「期待」が隠されています。

この期待は、相手に対する都合のよい解釈に基づいていることが多いため、自分の思ったとおりに相手が動くことはなく、結果として裏切られてしまいます。

すなわち、

「これだけの配慮をしたのに、評価してくれなかった」

「相手の気持ちに寄り添う提案をしたのに、喜んでくれなかった」

「こうしておけば大丈夫と思っていたのに、問題が起きてしまった」

という現象が起こるわけです。

敏感すぎる人は、無意識のうちに相手の意図をくみ取り、そしてそれに対処すべく行動しています。

しかし、ときとして、読みが外れてショックを受けることもあります。

これも、相手に何かを期待していた証拠だといえるのです。

そもそも日本人は他人を認めたり、ほめたりすることが苦手です。まったく親からほめられたことがない、という人は珍しくありません。

「認められたい、ほめられたい」という思いは「**承認欲求**」といいます。自分の行動や考えを、誰かから認められたいと思う自然な欲求です。

親にほめられた経験が少ない人はその分だけ、他人からの承認を求める気持ちが強くなる傾向にあります。

敏感すぎる人も、はじめは「相手のために」という思いから行

動していたものの、だんだん「気づいてほしい、認めてほしい、ほめてほしい」という欲求が強まるようになります。

ただし、相手の気持ちを先読みしてしまうせいで、自分から「認めてほしい」と伝えることに強い抵抗を覚え、自分が相手の気持ちを察しているように、相手にも自分の気持ちを察してほしいと「期待」するようになるのです。

そして、先ほどお話ししたように「期待は必ず裏切られる」ので、**承認欲求は満たされないままになります。**

そうすると、「こんな能力いらない！　察する力なんてなければよかったのに！」と思うようになるのです。

こうしたことに悩んでしまわないためには、**期待とは「手放す」ものだ**、と認識しましょう。

相手は自分と同じ能力をもっているわけではありませんし、自分と同じことはできません。

相手はあなたのような繊細さ、敏感さを持ち合わせてはいないので、あなたの配慮を気にもかけずに無下にすることもあるでしょう。

まず相手は理解しないという「現実」を受け止めて、こうしたことによるショックを和らげ、期待することを手放しましょう。

この期待がある背景には**「他人軸」になってしまう性格や、自己肯定感の低さ**が影響しているのですが、それはのちほどくわしくお話ししましょう。

✸丸投げの仕事をひとりで取り組んでも理解されない

例❷

Aさんはこんな体験をされています。

「特殊なジャンルの仕事をほぼ丸投げされ、期待に応えるために頑張りました。でも、仕事の難しさや忙しい状況をその場で上司に言えずに抱え込んでしまったため、ひとりで頑張る羽目になりました。

その結果、自分の状況をわかってもらえず、他部署の協力なしにはこなせない事案が発生しても、すぐには理解や協力が得られにくい状況になってしまいました」

アドバイス❷

丸投げされた仕事をひとりで頑張ってやっているのに、それをまわりが理解できなくて、ますますひとりでやるしかなくなってしまうなんて、本当につらいですよね。マンガの主人公、春日さんが失敗した経験と似たケースです。

おそらくAさんは仕事ができる人で、まわりからすれば、その難しい仕事をスイスイとこなしているように見えていたのでしょう。だから、「もっとできるかな?」と思われて、ますます難しい仕事を任されて、いっぱいいっぱいになってしまったのです。

もし、みなさんが「できる人」としてまわりから認識されているとするならば、Aさんと同様の経験をされたことがあるはずです。**できる人に対してまわりの人は頼ったり、甘えたりすることはあれど、心配したり、手伝おうとしたりはしません。**「手を貸してもかえって迷惑になるだろう」と勝手に判断してしまうんですね。

Aさんも難しい仕事をしているのに上司にそれを報告していませんでした。「自分ひとりでやらなけ

れば」と思っていたのでしょうか？　それとも「上司も忙しいから余計な情報は伝えないほうがいいだろう」と思ったのでしょうか？

けれども、それを続けるとその難しい仕事のことがわかる人がAさんしかいなくなり、困難な場面に遭遇しても助けを求めにくくなってしまいます。自分ができる人ということをちゃんと受け入れ、まわりからそういうふうに見られていることに気づいていますか？

体調不良でも休まなかったら、いつのまにか休みがとれなくなった

例③

「まわりに迷惑をかけてはいけない」という思いが強くなりすぎると、どんどん自分を追い込んでしまうことも多くなります。そんな頑張り屋のBさんの事例です。

「『迷惑をかける』と思って本当に体調が悪いときにしか有給休暇を取りません。熱は38度を超えてから休みます。母の『多少具合が悪くても首にタオル巻いてでも働け。でないと自分の居場所がな

くなる。人に何も頼まれなくなってはおしまいだ』という言葉に従い、年に2日ほどしかお休みを取りませんでした。

結果、直属の上司も有給休暇を取ろうとすると、理由を聞いてきて『午後から出勤できるんじゃないか？』と私が休むのを牽制するようになりました」

アドバイス❸

「休むとまわりに迷惑がかかるから」と、無理して仕事に行く人も珍しくありません。

しかし、それが続くと「あいつは休まなくても大丈夫なヤツだ」と認識されるようになってしまいます。

そして「**休まなくても大丈夫な人員**」として認識されてしまうと、せっかくの有給休暇すら自由に取りにくい空気ができてしまいます。

きっと上司やまわりの人は、Bさんがそこまで頑張っていることに気づけないのでしょう。

結果的に、しんどいものをひとりで背負い込むようになってしまいます。

また、Bさんはお母さんの教えに従っていたわけですが、それはBさんの価値観に合っているものでしょうか？

私たちは無意識に親の価値観を刷り込まれて育っているのですが、今の時代に合わなかったり、そもそも自分に合ってなかったりすることもあるのです。**自分に合わない価値観に従うと必要のない苦労をしてしまう**ものなのです。

みなさんも親やかつての上司から言われた言葉に、無意識に縛られていないでしょうか？もし、自分に合わない価値観に従っているのならば、それをすぐに手放すといいでしょう。それだけでも仕事に対する意識がラクになって解放されます。

✸よかれと思ってやったことで、逆に迷惑をかけ……

例④ 今度はかなり切ないCさんの体験です。

「トラブルが連発して忙しそうにしている先輩。お客様へ説明する書類が残っていたので、私が代わりに引き受けたところ、お客様に間違った説明をしてしまいました。結局先輩がお客様へ改めて説明してくれてことなきを得ました。
しかし、その件で上司は先輩を怒ったものの、先輩は私をかばってくれました。
それに対しても罪悪感があります。頑張らなきゃいけないのに私が頑張ると迷惑をかけてしまう……と思うと、仕事へのモチベーションも急降下してしまい、またほかのミスにつながるという悪循環に陥ってしまいました」

アドバイス④

よくあるケースですが、報われないばかりか、まわりに迷惑をかけることになり、申し訳なさと自己嫌悪に襲われますよね。

結果で評価される点は仕事ですから仕方ないですが、Cさんに悪気はなく、むしろ先輩を助けるためでした。よかれと思って頑張ったことに意味があり、「今回は」結果が振るわなかった……そんなふうに解釈していいのです。

「**今回は**」というところがポイントで、そうした心がけを続けていけば、だんだん先輩の役に立てる場面も出てきます。

私たちはよく**今起きた出来事で未来を決めようとしてしまいます**。「今回失敗したから、次も失敗するだろう」と思いがちですが、そんなことは決してありません。きっと次回はもっとうまくできるでしょうし、それが先輩を助けることにもつながります。

✸人を傷つけたくなくて、気づかぬふりをしたはずが

例⑤

敏感すぎる人は、相手に気をつかわせないように、あえて相手の気持ちを察していないかのように振る舞うこともあります。Dさんの体験です。

「プライドを傷つけるかもと思い、仕事のできない先輩をあえてフォローしていなかったら、誰かから上司にチクられて『先輩の気持ちに配慮するように』と説教されました。それに従ってみたものの、逆に気のつかいすぎからすれ違いが生じて、先輩の怒りに油を注ぐことになってしまいました。『面倒になることを先読みして察しないでいたんだから、それを察してよ!』と上司に思ったたし、

先輩には『気持ちを読まなかったわけを察してよ！』と思いました」

アドバイス⑤

「その先輩とは相性がよくないんだよね」とすませられたらいいのですが、仕事でつき合っていかなければならない以上、なかなか割り切れないかもしれません。なんだかやりきれない気持ちでいっぱいになりますよね。

仕事がよくできる人や感受性がとても豊かな人たちは、人の気持ちがわかりすぎてしまうため、少なからず似たような経験があるのではないでしょうか？

私がお伝えしたいのは、**自分の感受性や察知能力をもっと「自分は大したヤツだ」と価値のあるものとして承認してあげてほしい**ということです。そうすると、同じ目にあっても「**仕方がないよね**」と受け入れやすくなり、自分の感受性や器用さを使ってうまく仕事を回す方法に意識を向けることができます。

つまり、前向きな意味で、まわりの人に合わせてあげることができるのです。

すると、まわりの人に期待をすることもなくなっていくので、先輩にも上司にも、もっとラクに接することができるようになります。

✸家族を喜ばせたくて先回りしたら

もちろん、こういう話は家庭や友人関係の中にもゴロゴロしていると思います。

「喜ぶかなと思って買ってきたケーキが、彼の嫌いなものだった」

「友だちの誕生日をサプライズで祝ってあげようとしたら、そういうのが嫌いだったようで怒って帰ってしまった」

やはりむなしくなってしまいますが、自分を否定しないことがポイントです。奥さんや彼、友だちを喜ばせようとしたことに何も間違いはありません。ただ、「今回の」やり方が間違っていただけ、と捉えることがおすすめです。

例⑥

Eさん（家庭の奥様）の体験です。

「新婚の頃のことです。共働きで私の社宅に住み、私のほうが給料が高かった。なのに、夫は家事の一切を私任せに。夫は朝ご飯ができた頃起きてきて、食べるだけ。夜も夕食の頃にのんびり帰宅。私は片づけして、洗濯して、仕事の準備もして……という毎日。『無理するなよ〜』と、悪気なく言う夫ですが、ある日一大決心して、洗濯を夫に担ってもらいたいと思い、話しました。

しかし、『私の仕事が忙しいと、洗濯物が溜まるでしょ。靴下とかなくなるじゃない……』との訴えに、『わかった！　じゃあ靴下買ってくる』と返されてしまい、思わず絶句。洗濯を担当してほしいとさえ言えませんでした。

それから、何もお願いできないと思って、孤軍奮闘するようになってしまいました」

アドバイス⑥

敏感すぎる女性の旦那さんは、人の気持ちが理解できない人。「バランスの法則」でしたね。

そもそも家のことに関しては、奥さんに頼りっきりで全然わからない旦那さんも多いものです。

そこで勇気を出して頼んだとしても、Eさんのように空振りしてしまうことも。そして、「旦那には何を言ってもダメだ」と**諦めてますます自分だけが大変に**……。

そういう旦那さんの場合、奥さんの苦労をそもそも知らないだけ、ということが多いのです。「見ればわかるじゃない？」と思うものですが、見てないんですよね。だから、**自分がどれだけ頑張っているのかをきちんと伝えることが大切**なのです。

でも、そのとき、「仕事もして、家のこともして、どれだけ私が大変かわかってる？」という言い方をしてしまうと、相手は責められていると感じてケンカになります。

「今日、仕事が大変だったのに、家に帰ってご飯までつくった私って偉いでしょう？　ほめて！　ほめて！」などの言い方に変えてみましょう。認めてもらう、ほめてもらうだけで気分が軽くなりませんか？

そうして自分の気持ちを伝えながら家事の分担をお願いするわけですが、そこは「洗濯を担当してほしい」と言うだけでは実際はうまくいきません。

これはテクニックのひとつなのですが、男性はマニュアルがないと動きにくいものです。そこで「Tシャツは裏返しにする」とか「これはネットに入れる」とか「洗剤はこれをどれだけ使う」とか「柔軟剤はここにこれだけ入れる」といった「作業指示書」のようなものを作成して渡してあげると、そのとおりに業務を遂行してくれるようになります。

少し面倒な作業のように感じますが、一度つくってしまえばあとはロボットみたいにしてくれることが多いので、奥様方はちょっと頑張ってみましょう。

✵「全然、大丈夫じゃない」と言っていい

いかがだったでしょうか？　6つのケースを見てきましたが、細かい状況を加えれば、もっとたくさんあることでしょう。

それでは、次の章から悩みを解決する方法を解説していくのですが、その前にある**思い込みを外しておいてほしい**のです。

敏感すぎる人は、相手の気持ちや状態をその本人以上にわかってしまうことがあります。つい自分よりも相手を優先してしまうことも多いでしょう。

それは「相手は大変なんだから、少しでも力になってあげたい」という愛から行動することができる素晴らしい長所です。

ですが、そこにもちょっとした落とし穴があります。

こうした「自分よりも相手を優先する」場合に、次のような思い込みはありませんか？

「私は大丈夫！　平気よ！」

「全然疲れてないから！」

敏感すぎる人は、いつも人のために一生懸命奔走しているのに、自分のことはないがしろにしているケースが、悲しいことにたくさんあります。

本当は心も体もしんどいのに「あの人のほうが大変だから」と頑張ったり、本当は余裕がないのに「この仕事をしておかないと、必要とされなくなるかも……」と無理をしてしまうのです。

自分よりも他人やその場の状況をつい優先してしまうとき、意識は外に向いていて、自分のことはまったく見えていないのです。

そうすると、仮に「いっぱいいっぱい」でしんどかったとしても、そんな自分に気づけない「灯台下暗し」状態になってしまうのです。

その結果、相手の気持ちを察して助けているのに、どんどん心に疲れが溜まっていってしまいます。

だから、そういう人には、あえてこんな言葉をつぶやいてもらいます。

「**私は全然大丈夫じゃない**」

意外と言いにくかったり、必死に否定しようとする自分がいたり、ズキッとくる人が多いはずです。

みなさんも一度、小さくていいので声に出してつぶやいてみましょう。

これが、あなたがラクになるためのファーストステップです。

第1章

今の自分に意識を向ける

Story 1

「他人軸」からの脱却

相談室
フリーライタ
春日
春日…さん
はい
あなた
めったにないこと
なんだけど
これに全部
チェックが入って
いるのね
どういう意味が
あるんですか？
春日さんが
今回の単行本の
テーマである
「敏感すぎる人」
だということです

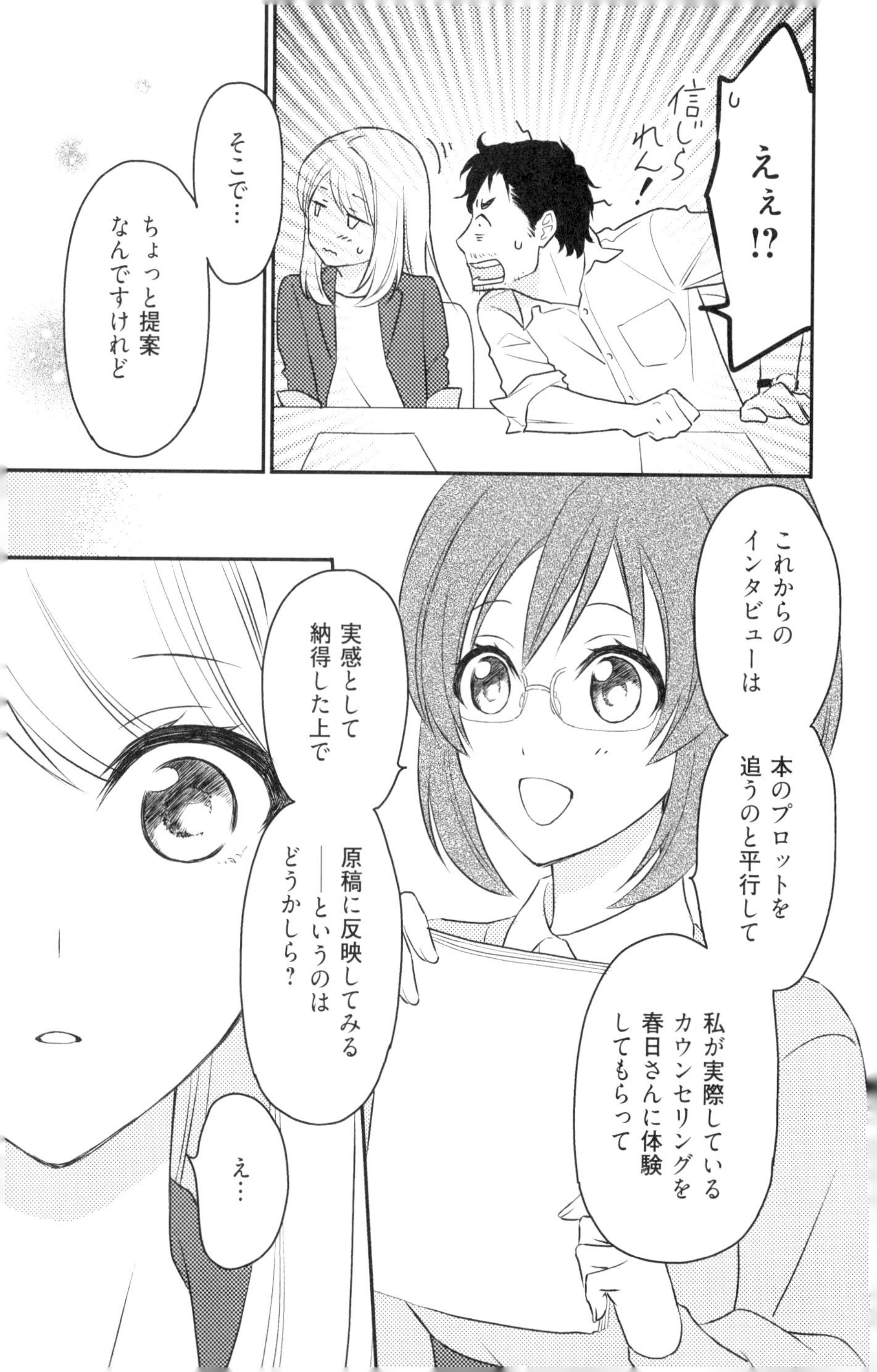
ええ!?
信じられん!
そこで…
ちょっと提案なんですけれど
これからのインタビューは
本のプロットを追うのと平行して
私が実際しているカウンセリングを春日さんに体験してもらって
実感として納得した上で
原稿に反映してみる——というのはどうかしら?
え…

おおっ!!
ガタン!
ビクッ
な!
いいだろ!
それは素晴らしい!
それ!それでいきましょう!!
きっと売れますよ〜!
ぱくぱく
——…
…はい
ありがとうございます
でもそうなりますと
春日さんにプライベートのことなど少し立ち入ったことをお聞きすることもありますので
できれば新戸さんにはしばらくの間ご遠慮願えませんでしょうか
にまぁ

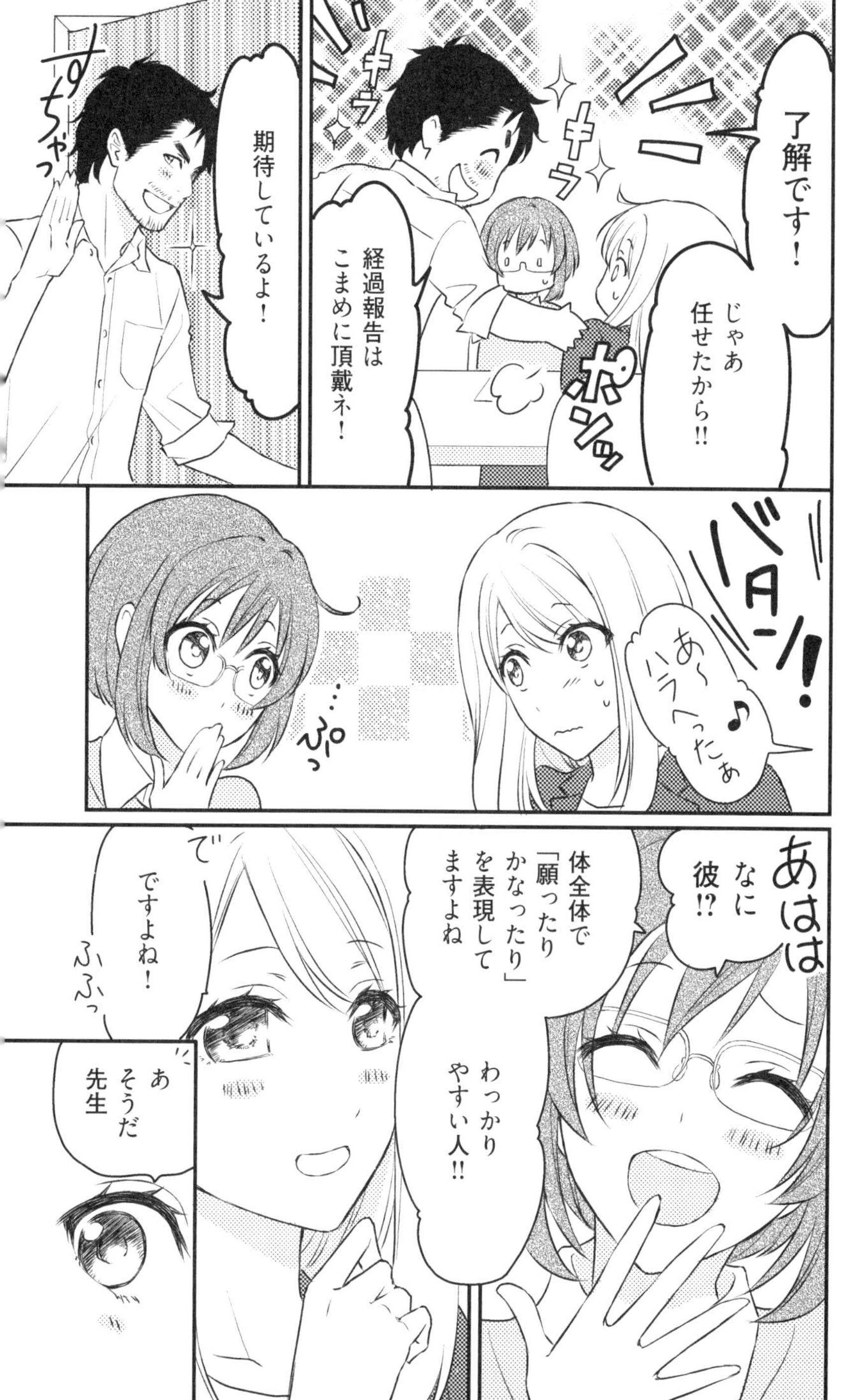
了解です！
じゃぁ任せたから!!
ポンッ
キラ
キラ
経過報告はこまめに頂戴ネ！
期待しているよ！
すちゃっ
バタン！
あ〜ハラへったぁ♪
…ぷっ
あはは
なに彼!?
体全体で「願ったりかなったり」を表現してますよね
わっかりやすい人!!
で
ですよね！
ふふっ
あそうだ先生

これ
版元の社長さんの実家でとれたお米です
米
どさっ
まあこれお土産⁉
重たそうにお米抱えて相談室に入ってきたから
何だろうって思ってたの
ありがとう
まあ新米！
ウチのスタッフも喜ぶわ〜
だけどこんなに重たい物
どうやって持ってきたの？
まさか電車とか…
…はぁ
新戸さんの車で…
車で⁉
あの彼とふたりで？
にぎやかそう！
快適ではなかった…？

ぱっ！
何かそんな顔していいるわね～
何かあったの？
いっいえ！でも私がいけないいんです
私がいろいろ聞かれたのに「嫌です」って言えなかったから…
どんなだったの？
…いえ
あの
ただ…
車の中にゴミがそのままだったり
音楽が大きかったり
タバコが煙かったり
…だっただけです
くだらないことですよね！
騒ぎ立てることではありませんよね
それはそれは！
大変な目にあったのね
そしてあなたは
彼に何も言えなかった？
…ええ
新戸さんは私に気をつかって
「汚くして悪いな」とか「うるさかったら言って」とか「タバコ大丈夫か？」って聞いてくれたんです

ぎゅっ
でも私は…
何も言えなかった
そこで「NO」を言うと
相手に不快な思いをさせる
もし嫌われたらどうしよう?
場の空気を乱したらどうしよう——
…と思った?
はい
ばっ
サッ
ピッ
●REC
録音中
ふ————…
あなたのような「敏感すぎる人」はとても優しくて気配りができるのに
いつも自分ばかり損をして我慢をしてしまう
だからストレスも人一倍——
それはね
「他人軸」で生きているからよ
他人軸…ですか?

他人軸
そう
他人の考えや価値観を基準に行動を決めるから「他人軸」
特徴としては――
①まわりの顔色をつねにうかがってビクビクしている
②他人の評価が気になって仕方がない
③相手にどう思われているか気になって言いたいこと(自分の意見)が言えない
④嫌われないように頼まれたら何でも引き受けてしまい断れない
⑤人と会ったあとどっと疲れてしまう
⑥自分の意見を求められると頭が真っ白になってしまう
私……だ!!

彼女はいつも

「いつかわかってもらえる日が来ると思うから」

とおっしゃっていました

その控えめな思いはとても素敵ですね

でも私は

「口で言わなければその思いご主人には決して伝わりません」

と彼女の思いを打ち砕くようなアドバイスをしました

なぜなら
陰であれこれと
配慮した思いが
相手に伝わる可能性は
想像よりも
ずっと少ないもの
多くの人が
「まさか自分のために
そこまでしてくれる
はずはない」…
コトン。
——と
思っているからです
彼女が心の中に
ずっと抱いていた
期待は
簡単に
裏切られる
のですよ
先生 その話
よくわかります！
にこ
また別の
クライアント
さんの話です

彼は特殊な仕事をほぼ丸投げされ
期待に応えるために頑張りました
でも仕事の難しさや忙しい状況を
その場で上司に言えず
ひとりで抱え込む羽目になったのです
…ひとりで…
アタリ
ドキッ
どうかしました?
はっ
いえ!続けてください

彼はまわりから仕事が「できる人」と見られていたのですが
「できる人」に対して
まわりの人は頼ったり甘えたりすることはあっても
心配したり手伝おうとはしないのです
「手を貸してもかえって迷惑になるだろう」と
勝手に判断してしまうんですね
キャプション入る
ぎゅ…
ダイエットBOOK
ダイエットBOOK
キャプション入る

「上司も忙しいから
余計な情報は
伝えないほうが
いいだろう」と
ますます
孤立して
「自分ひとりで
やらなければ」と
「頑張る人」に
なっていきました
まわりには
「頑張る人」は
「休まなくていい人」
と設定されます
そして
追い込まれて
重大なミスが
発生しました
アタリ

キャプシ

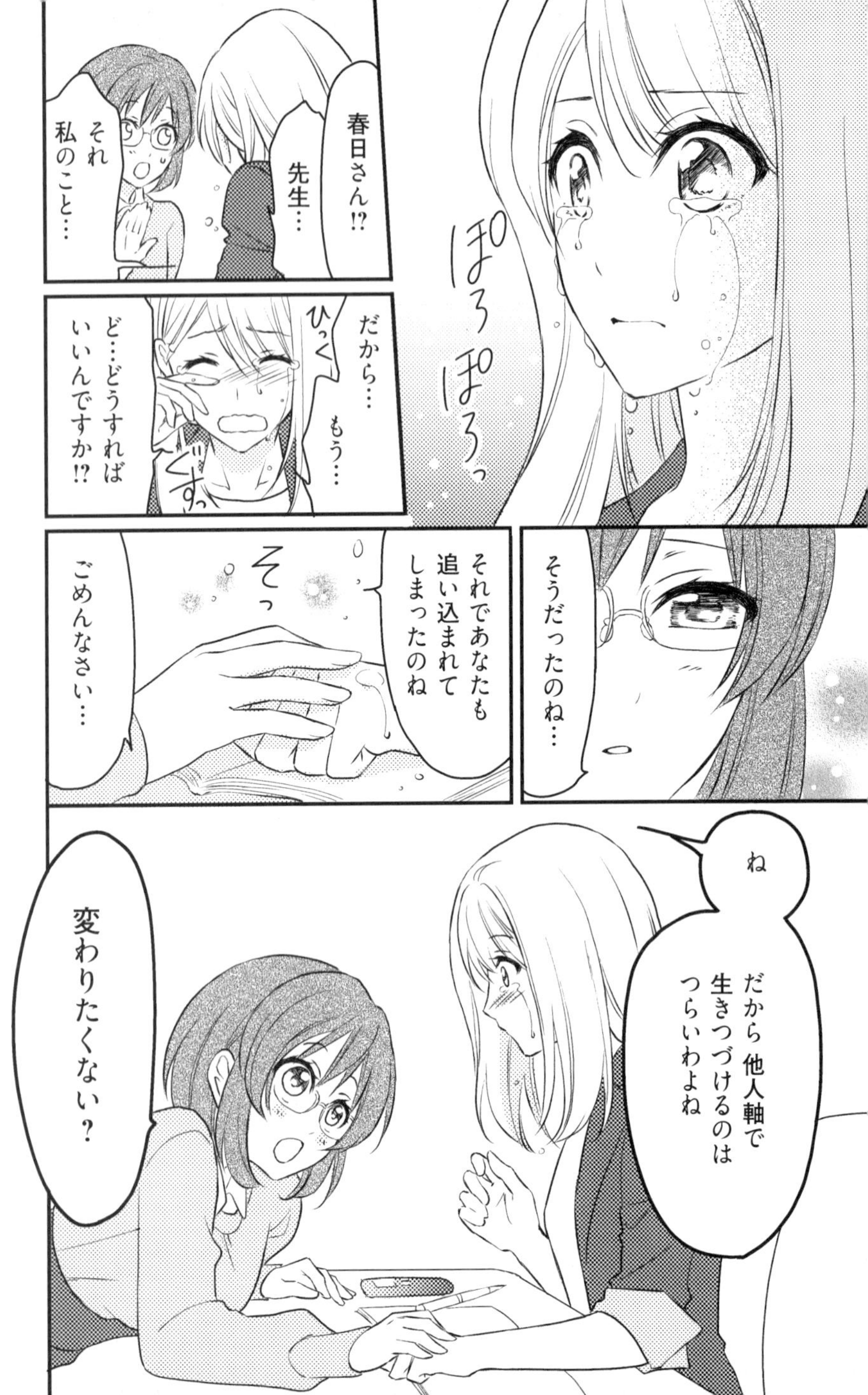
ぽろぽろっ
春日さん!?
先生…
それ
私のこと…
だから…
ひっく
もう…
ぐすっ
ど…どうすれば
いいんですか!?
そうだったのね…
それであなたも
追い込まれて
しまったのね
そっ
ごめんなさい…
ね
だから他人軸で
生きつづけるのは
つらいわよね
変わりたくない？

ぐいーっ
変わりたいです
わかりました
では
他人軸ではなく
「自分軸」で
生きられる方法を
一緒に考えて
いきましょうね

「他人軸」で生きている自分に自信がもてないあなた

「先生、私、**《敏感すぎる人》**だったんですね。言われてみると、いろいろ思い当たることが多すぎて……」

「そんなに落ち込むことはないのよ。他人が考えていることをいち早く察し、先手先手が打てて、気づかいができて仕事のできる、やさしい人が多いの」

「でも人間関係をこじらせてしまいがちです。いったいどうしたら、いいんでしょうか？」

「たしかに自分で生きづらくしてしまい、ストレスを抱え込んでしまう人が多いわ。敏感すぎる人は、他人に気をつかうことで他人中心の**《他人軸》**で生きてしまっているの。それを**《自分軸》**に変えていくと問題は解決されるわ。その方法をお話しするわね」

いつもまわりの顔色を気にして生きていませんか？まずは、今の自分を見つめるだけでいい

敏感すぎる人たちは、つねにまわりの顔色を気にして、自分の気持ちより他人の気持ちを優先して生きる傾向にあります。何か発言したり、行動したりするときも、他人の気持ちや、自分が他人からどう思われているかばかりを気にします。

これが、敏感すぎる人が人間関係で悩みを抱えてしまう大きな理由です。

つまり、敏感すぎる人は、言動の基準が「自分」ではなく、「他人」にあるのです。

世の中には、さまざまな考えや価値観をもった人が存在します。自分とまったく同じ価値観をもった人とだけかかわって生きていくことはできません。

敏感すぎる人は、敏感であるがゆえに、他人の気持ちに寄り添おうとします。寄り添うこと自体は悪くありませんが、そこに自分の「軸」がないと、さまざまな考えや価値観をもった

「他人」に振り回されて、疲弊してしまいます。

だからこそ、敏感すぎる人が自分らしく生きるためには、まず**自分自身へ意識を向けること**から始めるのです。

以下、事例を交えて解説します。「ああ、自分も同じように他人に振り回されているな〜」「今の自分はこういう状態だったのか〜」というように湧き上がる思いを素直に感じてください。

注意してほしいのは、「他人に振り回されているから、明日から振り回されずに生きるぞ！」と思わないことです。**ただただ、素直に感じることがポイント**です。

「こうしなきゃ！」ではなく、「敏感すぎる自分がここにいるな〜」だけでいいのです。

そうすることで、ありのままの自分を受け入れられるようになります。

✸「あなたはどうしたいの？」と聞かれると困りませんか？

上司から「君の意見を聞かせてほしい」「あなたはこれからどうしたいの?」と言われて、はっきりと答えることができますか?

敏感すぎる人は、つねにまわりの人の顔色が気になります。たとえば、会議や発表の場で発言するとき、

◆間違ったらどうしよう（使えないやつだと思われたらどうしよう……）
◆頭ごなしに否定されたらどうしよう（理解力のないやつだと思われたら……）
◆答えられない質問をされたらどうしよう（答えられなかったら、嫌われるんじゃないか……）

といった不安に襲われ、必要以上にプレッシャーを感じてしまいます。

また、自分の考えを表現することが苦手で「何が正解なのか?」「相手はどういう答えを望んでいるのか?」ばかり考えてしまい、**無難な答えを探すことに終始**してしまいます。

会議でいきなり「お前の考えはどうなんだ?」と聞かれるともう最悪です。

頭が真っ白になって答えに詰まってしまい、何も言えなくなることもしばしばです。

これはまさしく、生き方の軸が自分にあるのではなく、他人にある状態です。**「自分自身を生きることができている」とはいえません**。

つねにまわりの目を気にして1日をすごしていると、会社を出た途端、どっと疲れが襲ってきます。家に帰ると食事もそこそこにベッドへ倒れ込む、なんていうことも少なくありません。帰宅したらしたで、SNSで友だちの楽しそうな様子を見て気が滅入ります。「じゃあ、見なければいいじゃん」と自分でも思うのですが、ついつい気になって彼らの動向をチェックしてしまうのです。

そして、「いったい自分は何をやっているんだろう」「彼らは悪気があって投稿しているわけではないのに、なんで私はこんな気持ちになっているんだろう」と落ち込み、自分を責めてしまいます。

なぜ、SNSを見て気疲れし、ネガティブな気持ちになってしまうのでしょうか？　これも他人軸で考えているからこそ起こってしまう現象なのです。

✸自分にダメ出しすることが癖になっていませんか？

他人軸で生きていると、無意識のうちに**他人と自分を比較してしまう癖**がついていきます。そして、自分のダメな部分が浮き彫りになったように感じ、「自分はなんでできないんだろう……」と自分で自分にダメ出しをし、落ち込んでしまいます。他人と自分を比べ、自分にダメ出しをする癖がつくと、どんどんネガティブな思考にとらわれてしまい、自分が嫌いになっていきます。

「そもそも、そんなふうに人に気をつかって疲れている自分が嫌いだし、自分を出せず、まわりに流されている自分も許せない……」「もう新人でもないのに自立もできず、成果も残せていない自分が本当に嫌だ……」「やりたいことを見つけられず、自分がなく、自分らしい人生を生きていないことを知っているくせに、それを変えようと行動していない……」

敏感すぎる人に落ち込みやすい傾向があるのは、**他人と比較して自分にダメ出しをするから**なのです。

「本当は○○しなきゃいけないんだけど、できないんです。どうしたらいいでしょうか？」

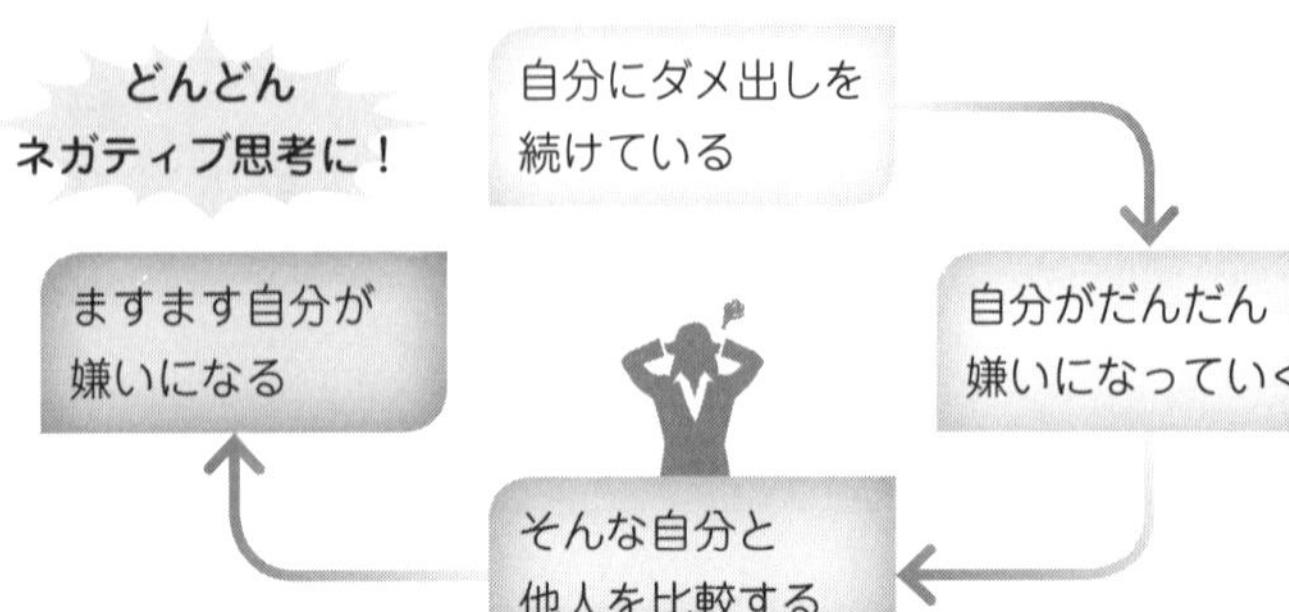

これも自分軸ではなく、他人軸をもとにした考え方です。

「～しなきゃいけない」というのは、「社会の目」という抽象的で不特定多数の他人軸で考えていることなのです。

「もう新人でもないのに自立もできず、成果も残せていない自分が本当に嫌なんです」という悩みも、「新人を卒業したら、自立していてしかるべき」という「平均的な社会人像」が価値観の軸になっていて、それができていない自分がすごくダメな存在であるように感じるのです。

ほかにも、

「もっと冷静に話をしなきゃいけないんだけど、つい感情的になって声を荒げてしまう」

「ちゃんと自分の意見を言うべきなのに、うまくまとめられずに支離滅裂になってしまう」

「これくらいわかっていなければダメなのに、全然理解が進まない」

「ふつうはもう結婚して子どももいる年齢なのに、全然婚活がうまくいかない」

といった悩みを抱えている人は大勢います。

それぞれの悩みのもとになっているのは、「社会の目」という抽象的な価値観であって、そこに自分の気持ちは存在しません。敏感すぎる人たちは、このような**他人軸で考えたあるべき姿を想像して、そうなっていない自分を攻撃し、責める**のです。

✸自分が本当に好きなものがわからなくなっていませんか？

他人の意見や気持ちを必要以上に重視した結果、起こることとして、**「何が正解なんだろう？」**という思考にとらわれることも、他人軸で生きている人に見られる特徴です。**答えを自分の中ではなく、外に求めている**のです。

このような人は、「あなたがしたいと思うことは何？」と聞くと途端に黙ってしまい、「それがわからないんです」となってしまい、さらには「そもそも自分が好きなものが何かわからないんです」というお話もよく聞きます。**正解を自分の外に求める生き方とは、自分の気持ちを押し殺して生きること**なのです。

このように他人軸で生きることを続けていると、ふとした瞬間に「**自分はいったい何のために生きているんだろう？　何をやっているんだろう？**」という気持ちになることがあります。

たとえば、友人から「結婚することにしたんだ」という報告を受けたときや、同世代の人の成功や訃報の知らせを聞いたりしたときです。こういったふと立ち止まる瞬間は、自分に意識を向けている状態といえます。

逆を言えば、ふと我に返ったときに自分に意識が向くということは、普段は自分に意識を向けていない証拠です。普段から自分の軸をもって考え、行動していれば、友人からの結婚の知らせに「自分は何をやっているんだろう？」と落ち込むことはないからです。

このようにふと我に返り、虚無感ややるせなさに襲われて「何のために生きていけばいいのかわかりません」と相談に来られた方々に、私は**「自分を取り戻しましょう」**というお話をよくさせてもらいます。

すると、たいていの方はきょとんとした表情で、「**自分を取り戻すってどういうことでしょうか？　**そもそも私、自分がないんです。人生一度きりだから好きなことをやりましょうとか、もっと自分を強くもって生きようと言われても、一生かけてやりたいこととかないんです。でも今のままでいいかというとそれも不安なんです**」と話されます。

では、この方たちは本当に「自分がない」のでしょうか？

誰も昔は赤ん坊です。**「自分がない赤ちゃん」なんていませんよね。**ということは、敏感すぎる人も、かつては自分の気持ちのおもむくままに、素直に自己主張をしていたわけです。誰もが、毎日、「今日は何をしよう」とワクワクしていた時代があったのです。

それが、人生のどこかで自分の気持ちを殺し、誰かを優先することを癖にしてしまいました。

この癖とその原因を取り除き、本来の自分を取り戻すこと、これこそが本書の趣旨なのです。

自分を取り戻すということは、他人軸ではなく、自分軸で生きるようになるということです。自分軸で生きるようになると、毎日がイキイキと感じられ、何かをした

い衝動に駆られるようになります。動き出したくてウズウズしたり、実際、行動に移すことができたりします。目に見える景色が色鮮やかになり、食べ物の味すら以前よりもはっきりと感じられるようになります。

本来の自分を取り戻すと人生が一気に変わりはじめるのです。

嫌われないために「どうすべきか？」を考えて「自分さえ我慢すればいい」と結論づけていませんか？

「私、考えすぎてしまって、行動もしていないのに疲れてしまうんです……」

敏感すぎる人の中には、このような悩みを抱えている方も多くいます。

「考えすぎてしまう」ことを心理学的に分析すると、必ずそこには「怖れ」が見つかります。

嫌われる怖れ、間違いを犯す怖れ、失敗する怖れ、バカにされる怖れ、役に立たない怖れ、期待に応えられない怖れ（失望させる怖れ）などがもとにあります。

そして、敏感すぎる人はその怖れを回避するために「どうすべきか？」を考えます。

ですが、これらの怖れは、他人との関係によって生まれるものです。**他人を完全にコントロールすることはできない**ので、どんなに考えても、その怖れが解消されることはありません。だから考えすぎて疲れてしまうのです。

このように、私たちは他人軸で生きれば生きるほど怖れや不安が強まって、**「人にどう思われるか」**が行動の基準になってしまいます。

そして、この怖れと不安が私たちの言動を萎縮させ、自由を奪います。

そもそもこうした怖れや不安は、まわりから「優しい」「真面目」「争いごとを好まない」ように見られている人ほど抱いている傾向にあります。優しくて、真面目で、争いごとを好まない人は、**「迷惑をかけたくない」**という思いが強く、自分の弱さを出せなかったり、争いを避けるために我慢したり、調整役に回って自分の意見を言わなかったりすることが多く見られます。

これらの行動のもとには**「自分さえ我慢すればいい」**という考えがあります。他人軸で生きてきた、真面目で優しい人が陥りやすい考え方です。

✸何かあるとすぐに自分のせいだと思っていませんか？

あらゆる感情の中で罪悪感ほど自分を傷つけるものはないかもしれません。

他人軸で判断し、他人と自分を比べ、「なんで自分はダメなんだ」という感情をもちつづけると、最終的には**「自分は悪い人間だ。だから罰せられる必要がある」**という観念を生み出して、つねに自分を傷つけつづけるようになります。

たとえば、仕事では自分がやりたい職種や活躍できる分野を無意識に遠ざけ、自分が楽しめない、きつい仕事を自分に与えるようになります。それだけでなく、自分を攻撃する上司や、言うことを聞かない部下、ギクシャクした人間関係など、辛い場面を自分に与えるようにもなります。何か問題が起これば「自分のせいだ」と思い、そしてひとりでその責任を背負い、まわりに頼ることもできません。あらゆる業務を抱え込んでいっぱいいっぱいになってしまいます。

恋愛でも、「罪悪感」をもっていると、自分が幸せになれない相手ばかりを選ぶようになります。問題のある人を好きになり、なんとかその人を助けようと頑張ります。しかし、相手の要求にすべて応えようとしたり、なんとか相手を救おうと犠牲的に振る舞ったりするので、やがては燃え尽きてしまいます。そして、助けたいのに助けられない状況は再び自分にダメ出しをする理由となり、罪悪感が強まり、どんどん悪化していきます。このように、いつも助けが必要な人ばかりをパートナーに選ぶ人のことを**「助けたい症候群」**といいます。

その一方でつねに罪悪感をもっていると、大切な人と距離を置くようになります。なぜなら、この罪悪感は**「自分は毒である」**という思いにまで発展するからです。そのため恋人はもちろんですが、親しい友人や自分を慕ってくれる人たちを裏切るような行動をとってしまうこともしばしばです。

その結果、まるで**逮捕されることを恐れて逃げまわる罪人のように、ビクビクしながら人間関係を築くようになります**。自分を罪人のように扱うため、心が休まることはありません。自分の「罪」が発覚することを恐れてまわりの人たちに気をつかうようになり、どのように思われているのか気になって仕方がありません。

また、自分の罪を償うべく、辛いことばかりを選択するため、頑張っても頑張ってもラクにならないのです。

そんな状況から抜け出すためには、**自分に意識を向け、徐々に自分を許し、自分を愛する作**

業に取り組むことです。

すると、本当に人は変わり、悪循環が断ち切られ、好転していきます。

ここまでお読みになって、自分の軸をもっていないことを自覚したり、他人のために頑張りすぎていたり、ひとりでなんでも抱え込んで自分にダメ出しをする癖がついていたり、罪悪感をもっている自分がいたり……そんな自分に気がついて少し心が痛くなったかもしれません。

ですが、これは素晴らしい第一歩です。まずは自分自身にちゃんと意識を向けられたことをほめてあげてください。

第2章

過去の自分に意識を向ける

Story 2
ラスボスはお母さん？

春日
送信…っと
カチッ
To：新戸 拓也
From：春日 理香
件名：進捗ご報告
新戸様
お世話になっております。
あれー
またプライベートのアカウントに来たメールがすべて既読になっている…
また お母さんかな
受信トレイ
ニュースレター
更新のおしらせ
注文確認メール
(11)
(15)
(24)

ふー。
わかりやすいパスワードも考えものね
何もかもお母さんに筒抜け
まあ ほとんど広告メールだし
隠すほどのこともないか…
パキッ
ピロッ♪
新戸さんから返信
新着メール(1)
新戸拓也
件名:Re:進
カチッ
早い…!
ぬう。
「自分にはこの分野全然理解できないけど
新戸拓也
件名:Re:進捗ご報告
春日様
自分にはこの分野
全然理解できないけど
風早さんももとは『敏感すぎる人』らしいから
会社を1年で辞めた似た者同士でいい原稿をつくり上げてください」

ったく
あの人らしい
コメント！
無責任で
気づかいが
1ミリもない！
パタ―!!
あ～ 何か
腹立ってきた！
やっぱり
お母さんにも ひと言
言っとかなくちゃ
トン
トン
もう私は
人に何も言えない
娘じゃないんだから！
ガチャ
お母さん
また…
あ！
わっ
理香ちゃん
あなたねぇ～
いつまで根なし草の
フリーライターなんて
やっているの？
もう26歳
なんだから
誰かいい人
いないの？

早く孫の顔を見て
安心したいわ
お母さん
春日恵子（56）
あー…
そういえば
いとこの愛子ちゃん
この間
結婚相談所で
お知り合いになった
国立大出の
商社勤務の方と
婚約なさったって
あなたも
やってみると
いいかもね
ああ
でも
何て
みすぼらしい
格好なの？
女性なんだから
もっとこう
おしゃれとか
興味ないの？
うん…
それに
この間
だって…
えっと…
お母さん
心配で
心配で…
はぁ〜…

どうして
私って
こうなんだろう?
相談室
──さて
前回
春日さんは
新戸さんの
態度に対して
何も言えません
でした──
その状況を
分析して
いきましたが
今回は その原因に
目を向けてみましょう
春日さん
新戸さんと
同じように あなたが
何も言えなくなる方を
過去にさかのぼって
挙げてみてください

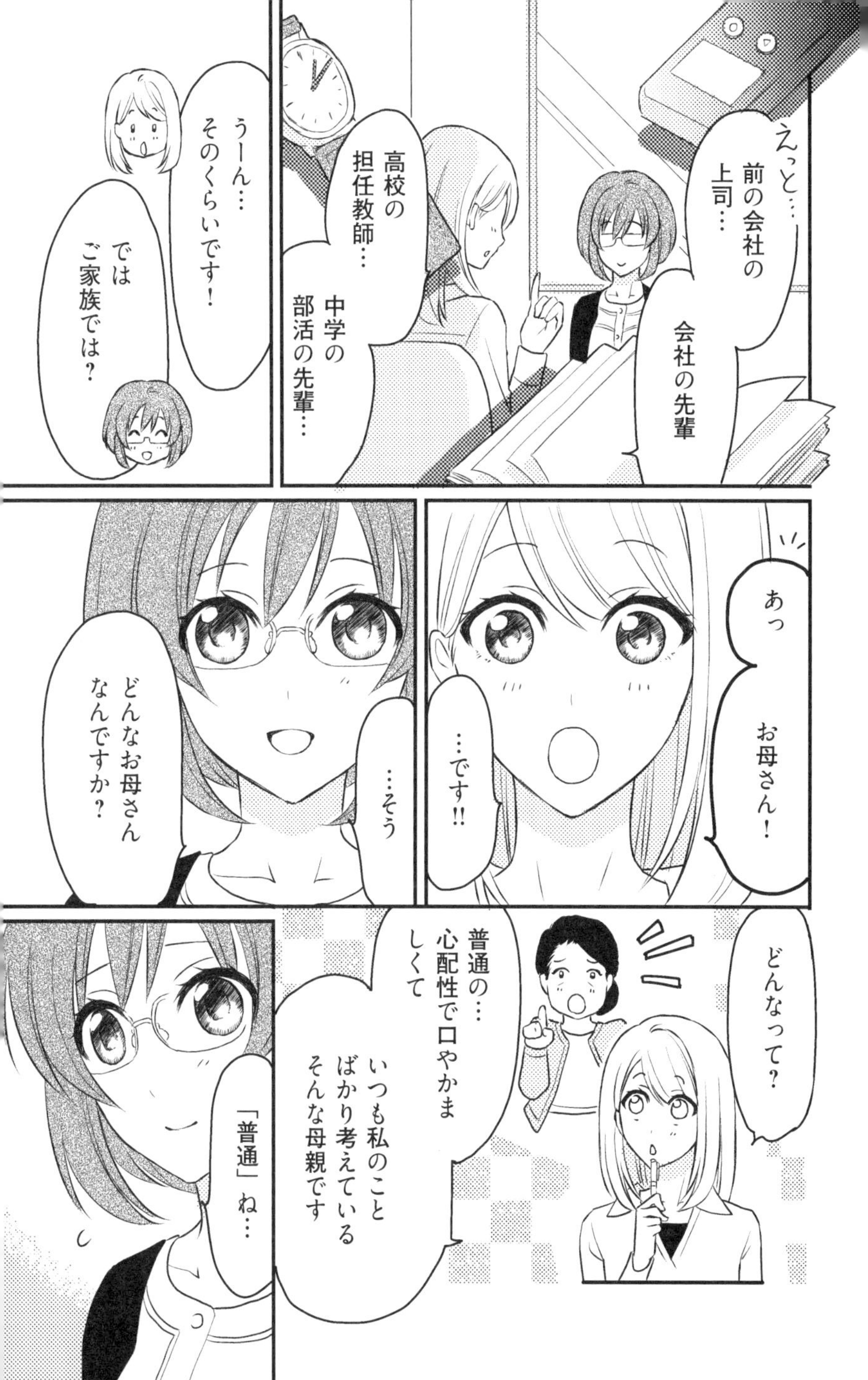
えっと…
前の会社の
上司…
会社の先輩
高校の
担任教師…
中学の
部活の先輩…
うーん…
そのくらいです！
では
ご家族では？
あっ
お母さん！
…です!!
…そう
どんなお母さん
なんですか？
どんなって？
普通の…
心配性で口やかま
しくて
いつも私のこと
ばかり考えている
そんな母親です
「普通」ね…

でもね
お母さんは
あなたにとって
唯一無二

何をもって
普通なんでしょう

思春期まで
気にも留めず
気づく機会が
あったのにもかかわらず
やりすごしてしまった…
そうですね？
は
はい？
そのとき
「ウチの母は
ほかとは違う
やり方が変
なのかもしれない」
と思えて
親離れの反抗期を
迎えられていたら
今と違ったあなたに
なっていたかも
しれないわね…
えっ⁉
どういうこと
ですか？
例が悪いかも
しれないけど
よく子どもに手を出す
父親がいたとします
もちろん
DVとかでは
ないのですが
昔は普通にいた
体罰をするタイプの
親父さんです

そこの子どもは
ほかの父親のことは
知りませんから
それが普通だと思って
育ちます
それが思春期に
なると
ほかのケースにも
接する機会を得ます
ふむ
ふむ
アザをつくって
登校すれば
「それどうしたんだ？」
と聞かれ
?
「父ちゃんに
殴られた」と
答えます
すると
友だちの大半が
「手を出す父親」を
知らない人たち
だったら
「それは
おかしい」と
言われます
そのことで
自分の親のあり方に
疑問をもち
はじめて
その呪縛から
解放されるのです
え
でもウチは
そんな変じゃない
ですよ…

それになんで
上司でも担任でも
先輩でもなく
母との関係
なんでしょうか？
それは
ですねぇ～
人はオギャ～と
生まれたときから
長い時間
母親と一緒に
いますよね
そして
言葉・態度・
価値観・
考え方などを
一番長くそばにいた
母親から学んで
成長していくのです
その土台の上に
父親・兄弟姉妹
祖父母
幼稚園・保育園・
小学校での人間関係が
のっかっていくんですね
小学校
保育園
幼稚園
祖父母
兄弟・姉妹
父親
母親
だから 性格や
コミュニケーション
の方法において
母親の影響が
色濃く出るんです

人間関係の問題の多くは深層の土台として隠れている母親との代理戦争のようなものなのです
そ
そうだったんですね…
お母さんを上手に手放すことができれば
「他人軸」に生きることから脱して
「自分軸」で生きられるようになりますよ
むむっ
そうか…
母との関係性が私をこんな人間に…
――まあ
では ここからは一般論です
あっ そうでした
私だけの問題じゃなくて
単行本ではさまざまな読者のケースを想定しないといけないですものね

ではまず
タイプ①感情的なお母さん
このタイプのお母さんに振り回されて育った子は
他人の感情に対して敏感になります
いつも母親の顔色をうかがって育ったため
職場でも上司の顔色をうかがってしまいます
タイプ②過干渉なお母さん
子どもは自分のモノであると勘違いし
子どもを思いどおりに支配しようとします
一見子どもにも選択肢を与えるようなことを言っていますが
そのじつたとえば…

ね　○○ちゃんもこっちの服がいいと思うでしょ？
だからこっちにしなさい
いいからお母さんの言うことを聞いていればいいの！
○○ちゃんのためを思ってしてあげているのに
なんでわからないの？
こんなことを言われて
子どもは選択肢を奪われつづけます
そのため子どもは
自分の意思をもつことができなくなるのです
……
そしてお母さんに対する「傾向と対策」を学び
演技力を身につける
その結果人と人の間を器用に立ち回ることが
自分の選択肢だと勘違いし
「他人に敏感すぎる人」になるのです
……
ごくっ

また 思春期まで過剰な干渉を受けつづけると
母親と自分の間に心理的な境界線がなくなり
感情まで共有するケースもあります
ごく
……
つまり反抗期のないまま育っていくと
ずいっ
ここ重要なポイント！
「自分軸」を確立しづらくなるんです
反抗期
キュッ！
タイプ③心配性なお母さん
このタイプはつねに自分に自信がありません
だから子どもが母親の「母親役」になり
自分のことはあと回しと考えてしまいます

先生
私の母は
②と③の
混ざったタイプ
…です
そうですか…
よく我慢して
きましたね
えらいです
でも こうして
分析していけば
自然と対処法も
見えてきますよ
まず最後まで
行きますね
タイプ④
逆に かまってくれない
お母さん
このタイプに
育てられると
寂しさを我慢して
「私は嫌われている」と
思い込み
たとえ
用事があっても
言い出せない
他人の顔色を
うかがう子どもに
育ちます

――こうしてうかがっていると
本当に母親の何気ない態度が
子どもの人生に大きくかかわっていたんですね
ええ
大体の方は生まれてから人格を形成するまでの間
母親の影響下にあります
人間関係を築く上でのスキルも
母親との関係を克服しないと
身についていかないものなのです
反抗期は必要なこと
ということでしょうか？
ハイ！

……
カタ
ずっと親の顔色をうかがって育ってきた人は
カタ
カタ
職場でも上司の顔色をつねにうかがっていることに気づくかもしれません
カタ
カタ
カタカタ
子どもの頃家の中でずっとビクビクして
我慢ばかりしていた人は
カタ
今の職場でも同じような気持ちですごしていることに気づくかもしれません
カタカタ
カタ
子ども時代の家族関係は
すべてではないにせよ人間関係のベースとなって
カタ
私たちの人生に大きな影響をおよぼします
ターン。。。
ふーっ
のびっ

「他人軸で生きている」か…
コト.
たしかに
反抗期
その原因になっているラスボスがお母さんだったとは
気づかなかったなぁ
ウン!
キュッ!
独立!!
ひとり暮らし!!!!
よしっ!!
私の反抗期は
今日からはじまるんだから!!

ガチャ
理香ちゃん
いいかげん
起きなさい
ん～
もうちょっと～
もぞっ
もう
お昼よ
いい歳して
この子は！
あと
10分～
…えっ！
独立!!
ひとり
暮らし!!!!!
おはよ～
お父さんは？
もう
とっくに
出かけて
ます
それより
あなた…！
…ん？
許しま
せんよ！

ひとり暮らしなんて絶対ダメです！
え⁉
あっ
ノートに書いたの見たの？
何でもいいから許しません！
あなたみたいな人がひとり暮らしなんてできるはずがないわ
大体 お金はどうするの
お小遣い程度のお金しか取れていないくせに
安いアパートなんて入ったら大変よ
どんな人がいるかわかったもんじゃない
安い家賃で暮らしている人なんだから酒びたりだったり怖い人だったりして
そんな中で女性のあなたがひとりで暮らせるの？
もう心配事を増やさないでよ!!
きっとお父さんだって…
ちょっときいてるの⁉
ぬうっ。
絶対決行する!!

第2章
解説❸

敏感すぎるあなたが影響を受けた母親像

「前章では、自分自身のことを見つめ直しました。私は《敏感すぎる人》で、他人の思惑を気にしながら**《他人軸》**で生きている……」

「たしか、一緒にいらした新戸さんに、車中で不快に思ったことを何も言えなかったのでしたよね。過去にも同じような経験をした相手はいましたか？ご家族も含めて」

「ええ。たくさんいます」

「その一番初めの相手は誰でしたか？」

「お母さん……です」

「あなたの**今の人間関係の土台は、そのお母さんとの関係から生まれたこと**かもしれませんね」

✸家族との印象的な出来事はなんですか？

人間関係の土台は、家族との関係によってつくられるといわれています。そこで、この章では過去を掘り下げて、家族との関係に意識を向けていきます。

家族との印象的な出来事を聞かれたとき、いいことを思い浮かべるでしょうか？　そうであれば、それは自分がちゃんと愛されていたことの証であり、自己肯定感を高める原動力になります。

一方で、嫌なことを思い浮かべたのであれば、家族の中で苦しい思いをされてきたのだと思います。そんな人は現在、親密な人間関係を築くことを難しく感じているかもしれません。

ずっと親の顔色をうかがって育ってきた人は、職場でも上司の顔色をつねにうかがっていることに気づくかもしれません。子どもの頃、家の中でずっとビクビクして我慢ばかりしていた人は、今の職場でも同じような気持ちですごしていることに気づくかもしれません。

子ども時代の家族関係は、すべてではないにせよ、人間関係のベースとなって私たちの人生に大きな影響をおよぼすのです。

ただし、**ほとんどの子どもにとって親子関係は「それが普通」だと感じやすいもの**です。たとえ母親からダメ出しばかりされていても、「よその家も同じだろう」と思い、問題意識をもてません。特に「いい子」として育った人の多くは、親を悪く思わないように自分の気持ちをコントロールしているのです。

✸ あなたのお母さんは、どんなお母さんでしたか？

家族の中でも、特にお母さんとの関係は人間関係の基礎をつくる大切なものです。

「三つ子の魂百まで」といわれるように、私たちの**人格の基礎は、3歳までにその8割が形づくられるといわれています**。そしてこの3歳までの期間、一番長く一緒にすごすのがお母さんです。

ありとあらゆるものをお母さんから吸収し、言葉を覚えるのも、価値観や考え方もお母さんのものをベースにして形づくられていきます。そして、**人づき合いの基本法則も、お母さんとの関係から体験的に学んでいく**のです。

では、タイプ別にお母さんの特徴を分析してみましょう。

❶感情的なお母さん

何かあると急に機嫌が悪くなってまわりに当たったり、さっきまでご機嫌だったのに急にふさぎ込んだりするなど、感情のアップダウンが激しいお母さんがいます。そんなお母さんに育てられた子どもはどうなるでしょうか？

子どもたちにとってお母さんは絶対的な存在です。ご飯をつくってくれるのも、学校の備品をそろえてくれるのも、服を選んでくれるのも、寝かしつけてくれるのも基本、お母さんです。もちろん、そんなお母さんのことを子どもたちは大好きで、嫌われないように、怒られないように気をつかいます。お母さんが、急に機嫌が悪くなったり、怒り出したりする人であれば、子どもは自然とお母さんの**顔色をうかがって育つ子**になります。

「今、お母さん、怒ってないかな？　話しかけても大丈夫かな？」
「お腹がすいたんだけど、お母さん機嫌悪そう。我慢しなきゃ」

そんなことをつねに考える子どもになっていくのです。

そして、ひとたび不機嫌になると、ビクビクして言いたいことも、したいことも我慢してお母さんに従うようになります。お母さんの前ではすごくいい子になって迷惑をかけないようになるのです。

そんなお母さんとの関係でつくられた人間関係の癖は、学校に行っても、大人になっても変わりません。**相手はどんな気持ちか、不機嫌ではないか、といったことにとても気をつかうようになってしまいます。**

そして、相手の感情に振り回されるようになり、他人の感情に敏感に反応するようになってしまうのです。

❷ 過干渉なお母さん

あなたのお母さんはこんなことを言っていませんでしたか？

「ね、○○ちゃんもこっちの服のほうがいいと思うでしょ？　だからこっちにしなさい」

「いいからお母さんの言うことを聞いていればいいの！」

「○○ちゃんのためを思ってしてあげてるのよ。なんでわからないの？」

こうしたものの言い方は教育熱心なお母さんに多く見られます。**どんなことでも子どもに口出しし、自分の価値観や考え方を押しつける**のです。お母さんからすれば、子どものためを思って言っているのでしょう。

しかし、子どもからすれば、自分の価値観や感情を否定されていることと変わりません。自分の意思をもてなくなり、その結果、お母さんの顔色をうかがって物事を決めるようになってしまいます。

また、**過干渉なお母さんは子どもを自分の所有物のように扱います**。「自分のものだから、何をしてもいいでしょ？　思いどおりにするわ！」と無意識に思ってしまうのです。

こうした考えは、自分の思いどおりにならなければ当たり散らしても、怒鳴ってもいい、という支配的なものに発展しかねません。

そして、このような支配的なコミュニケーションのもとでは、子どもは自分の意思が尊重されないため、だんだん自分の本音をお母さんに言わなくなり、表面上はむやみにお母さんに従いながら、自分の感情を押し殺すようになります。

その結果、「どうしたい？」とか「どう思う？」と聞かれると、頭の中が真っ白になってしまうわけです。

さらに、支配的なお母さんのもとで育つと、子どもはだんだん**お母さんの「傾向と対策」を学ぶ**ようになります。お母さんが喜びそうな答えがわかってくるのです。

すると、敏感すぎるうえに器用な生き方のできる子どもは、**「（お母さんが喜ぶ選択肢を）自分で選んだ」**と思うようになります。大学への進学も、就職先も、ときには結婚相手まで、お母さんが気に入りそうな選択肢の中から「自分で選ぶ」ということをやってのけるのです。だから、自分で自分の人生を選んできたはずなのに、「他人に敏感すぎる癖」がそこかしこに出てきてしまうのです。

過干渉なお母さんは、子どもが思春期に入ってからも、机の中を見たり、カバンを勝手に開けて中をのぞいたり、友だちや恋人からの手紙を読んだりして「全部知っておきたい」という態度を取りがちです。

思春期になれば、そうしたお母さんに対して反発するものですが、完全に従属した関係がで

子どもは自分のモノであると勘違いし
子どもを思いどおりに支配しようとします
一見子どもにも選択肢を与えるようなことを言っていますが
そのじつ たとえば…

きあがっていると、その年齢になってもお母さんに「べったり」です。何をするにもお母さんに判断を仰いで、自分で選択することができません。

こうなってくると、**お母さんと自分との間の心理的な境界がなくなり、感情の共有がはじまります**。お母さんが笑っていると自分も嬉しいけれど、お母さんが不機嫌になると不安になり、お母さんが怒り出すと何かしてしまったんじゃないかと恐怖心を抱きます。そして、それが現在に至るまで、人間関係の基本として残るのです。

❸心配性なお母さん

自分の価値観を押しつけてくる過干渉なお母さんがいる一方で、**つねに自信のないお母さんもいます**。

子どもが病気にならないか、忘れ物はないか、学校でいじめられていないか、ちゃんとした大人になってくれるか……自信のないお母さんはいつも心配しています。

もちろん、子どものことだけでなく、自分のこと、お父さんのこと、お金のこと、親戚づき合いなど、あちこちに不安があり、ちょっとしたことであっても気にしすぎなくらい心配をします。
そんなお母さんですから、あれこれ心配して、世話を焼きます。**そして過保護になりやすい**のです。

そうしたお母さんのもとで育った子どもは、お母さんをなんとか助けようと思い、しっかりした子になることが多くなります。いつもお母さんのことを気にかけ、話を聞いてあげ、そして安心させてあげようと励ましたり、笑わせたりします。お母さんもそれに応えてくれることも多いので、親子関係は順調なように見えます。

しかしよく見てみると、このようなお母さんと子どもは、親子関係が逆転しているともいえます。心配なことを打ち明けるお母さんが娘役、その話を聞いて励ます自分がお母さん（お父さん）役というように、です。

子どもがそこまで頑張る理由は、もちろんお母さんのことが大好きだからです。

ですが、それと引き換えに「自分のことはあと回し」にして自分を犠牲にする癖がついてしまいます。お母さんが心配するから、迷惑をかけないように、不安にさせないように、「ちゃんとすること」を優先するのです。

その結果、自分の気持ちや意思を隠すようになってしまい、大人になっても自分の気持ちをうまく表現できなかったり、**自分をあと回しにして誰かの意見を優先させようとしたりしてしまいます**。

しっかりしているので周囲からあてにされることが多い反面、お母さんに対してしていたように、「自分がちゃんとしていればいいんだ」とひとりで背負い込んで、余裕をなくしてしまうこともあります。

❹かまってくれないお母さん

子育てをしているお母さんであれば誰もが、子どものことを好きかというと必ずしもそうではありません。本当は仕事をバリバリしたかったのに、妊娠したから退職して家に入った方もいれば、仕事や趣味など自分の世界をもっていて、子育てよりもそちらを優先させるお母さんもいます。

そんなお母さんの中には、**子どもとうまく接することができずに、つい冷たくしてしまう人もいます**。子どもの気持ちに寄り添うことができず、突き放したり、子どもがなついてきても受け入れられずに拒否してしまうのです。

当然ですが、そうしたとき**子どもはとても傷つきます**。もちろん、お母さんにもそうならざるを得ない事情があったのだと思うのですが、子どもにはそんな事情などわかりません。結果、「私は嫌われている」と思うようになってしまいます。

「お母さんに嫌われている」という意識をもつようになると、お母さんに話しかけることすら、子どもはためらうようになります。

たとえば、

◆ゼッケンを体操服につけてもらわなければいけないのに、お母さんが裁縫が苦手なのを知っているから、お願いするのに何日もかかった

◆授業参観に来てほしかったけど、なかなか言い出せず、ようやく言えたのが当日で「なんで今頃言うの？」とひどく怒られた

◆発表会があるから観にきてほしいと頼んだら、「仕事だから無理」と冷たく言われて、すごくショックだった

こういう冷たいお母さんは、本当に子どものことが嫌いというよりも、「どうしていいかわからなかった」という人も多く、お母さん自身もそうした態度をとってしまったことに罪悪感をもっていることが少なくありません。

とはいえ、子どもからすれば、お母さんに嫌われた、好かれていない、冷たく扱われるという経験をするため、**つねに寂しさを胸に抱える**ことになります。

このケースでも、お母さんの顔色をつねにうかがう癖がつき、それが「敏感すぎる自分」が生まれる原因にもなります。

また、お母さんと心理的に離れた距離にいるため、**他人とも距離をとりがち**になり、人とどう親しい関係をつくればいいかわからない、フレンドリーに会話をするのが苦手といった問題も抱えやすくなります。

怖いお父さんにすごく気をつかっていませんでしたか？

お母さんとの関係だけでなく、お父さんとの関係が、敏感すぎる人を育んでいることもあります。

そのとき
「ウチの母は ほかとは違う やり方が変 なのかもしれない」と思えて
親離れの反抗期を迎えられていたら
今と違ったあなたになっていたかもしれないわね…

最近のお父さんはすっかり優しくなり、「イクメン」なんて言葉も一般的になりましたが、かつては厳格なお父さんも珍しくありませんでした。また、お酒を飲んで暴れたり、何かあると暴力に訴えるお父さんだった、という方もいらっしゃるのではないでしょうか？

厳格なお父さんは言葉づかいやしつけに厳しく、また勉強や習いごとに対してもきちんと結果を出すことを求めます。期待どおりの成果があげられないと人格を否定されるくらい厳しく怒ることもあります。

昔は体罰を是とする風潮もありましたから、そんなお父さんに手をあげられた経験のある方もいらっしゃるかもしれません。もしそうだとしたら、子どもの心はつねに萎縮して、緊張状態にあったはずです。

そうしたお父さんは過干渉なお母さんと同じで、子どもを自分の所有物のように捉えているところがあり、そのため子どもが自分の思いどおりにならないと怒鳴りつけたり、何時間も説教をしたり、外に放り出すなどの罰を与えたり、暴力に訴えたりするのです。

また、直接子どもには手を出さなくても、「お前のしつけがなってないからだ」とお母さんに暴力を振るうお父さんもいます。それを震えながら見ていた子どもは、まるで自分が殴られているかのように同じ衝撃を心に抱えてしまいます。

厳しいお父さんの場合、その態度は愛情や期待の裏返しであることも多いのですが、子どもとしてはただただ怖いだけで、お父さんだけでなく、**他人の顔色をつねに気にするようになりがち**です。

そしてその癖が抜けきらず、学校でも、社会に出ても、まわりの人の顔色をビクビクしながらうかがう、敏感すぎる人になってしまうのです。

✹反抗期はありましたか？

反抗期があったかどうかは、敏感すぎる自分を掘り下げていくとき、とても重要なポイントになります。**反抗期は大人になる上でとても大事な時期**で、親に反抗することによって**精神的に親から自立**していきます。

ところが最近は反抗期のない子どもたちが増えています。反抗することで自分を確立し、自分のやり方、生き方を模索していくはずなのに、反抗期がないといつまでも精神的に親の庇護下に置かれることになります。つまり、**自分の意思や意見をもてずに親の顔色をうかがい、親の意見にむやみに従うことしかできなくなる**のです。

特に親が厳しかったり、コントロールするタイプだと、子どもは反抗する余地がなくなります。何を言っても感情的、あるいは論理的に否定されますし、自由に行動しようとしても、やはり止められてしまいます。

そもそも、それまで自分の意思をもたないように育てられていれば、いざ思春期になり、反抗期に入ろうとしたところで、力ずくで押さえつけられるのは目に見えています。**反抗期がないまま育つことで自分軸を確立できない**のです。

ただ最近は、親が子どもの自立をうまく誘導している家庭もあり、その場合は反抗期がなくても問題にはなりません。

家族からどんな言葉をかけられていましたか？

敏感すぎる人たちの話をうかがっていると、子ども時代に親、ときに祖父母などから、こんな言葉をかけられた人が多いことに気づきます。

「あんたなんて産まなきゃよかった」
「あんたがいなきゃ、お父さんと離婚できるのに」
「あんたがいたから、私は自由じゃない」
「どうして、私があんたの相手をしなきゃいけないんだ」
「あんたよりも妹のほうがずっとかわいい」
「あんたがいなくなってもお兄ちゃんがいれば全然問題ない」

女性であれば、親や親戚から「あなたが男の子だったらよかったのに」と言われたことはないでしょうか？　都会よりも田舎で多く見られるケースですが、跡継ぎや墓守(はかもり)として長男がほしいのに、女の子しか生まれなかった場合、露骨にそれを嫌悪する人たちもいるのです。

これらは**自分の存在意義を否定する発言として、深い傷となって言われた側の心に刻まれます。**

そして、

「私は生まれてきちゃいけなかったんだ」

「自分は迷惑な存在なんだ」

「私なんていないほうがいいんだ」

という自分の存在に疑いや否定的な感情をもつようになるわけですから、どこにいてもまわりに気をつかうようになりますし、まわりの目を気にするようになります。

その結果、人に対して気をつかいすぎたり、顔色をうかがったりする「敏感すぎる人」になっていくのです。

第3章

あなたの人間関係をつくる母親の壁

Story 3

遅く来た反抗期

…うん
うん
…わかった
クツクツ
うん…
うん…
…そう
ふしゅ〜っっ
あっ
お鍋がふきこぼれそうだから切るね！
あ！ちょっ—
ピ！
43：57

ツーッツーッ
——何よっ！
携帯なのに
お鍋を理由に切ることないでしょ！
数時間後——
着信履歴
お母さん　昨日
お母さん　昨日
ふー…
これじゃあ家を出たって何も変わらないじゃない！
毎日毎日毎日…
げんなり。
よく話が尽きないわよね…！
ピンポーン♪
誰だろ…？
セールス…？
そっ…
ぎょっ

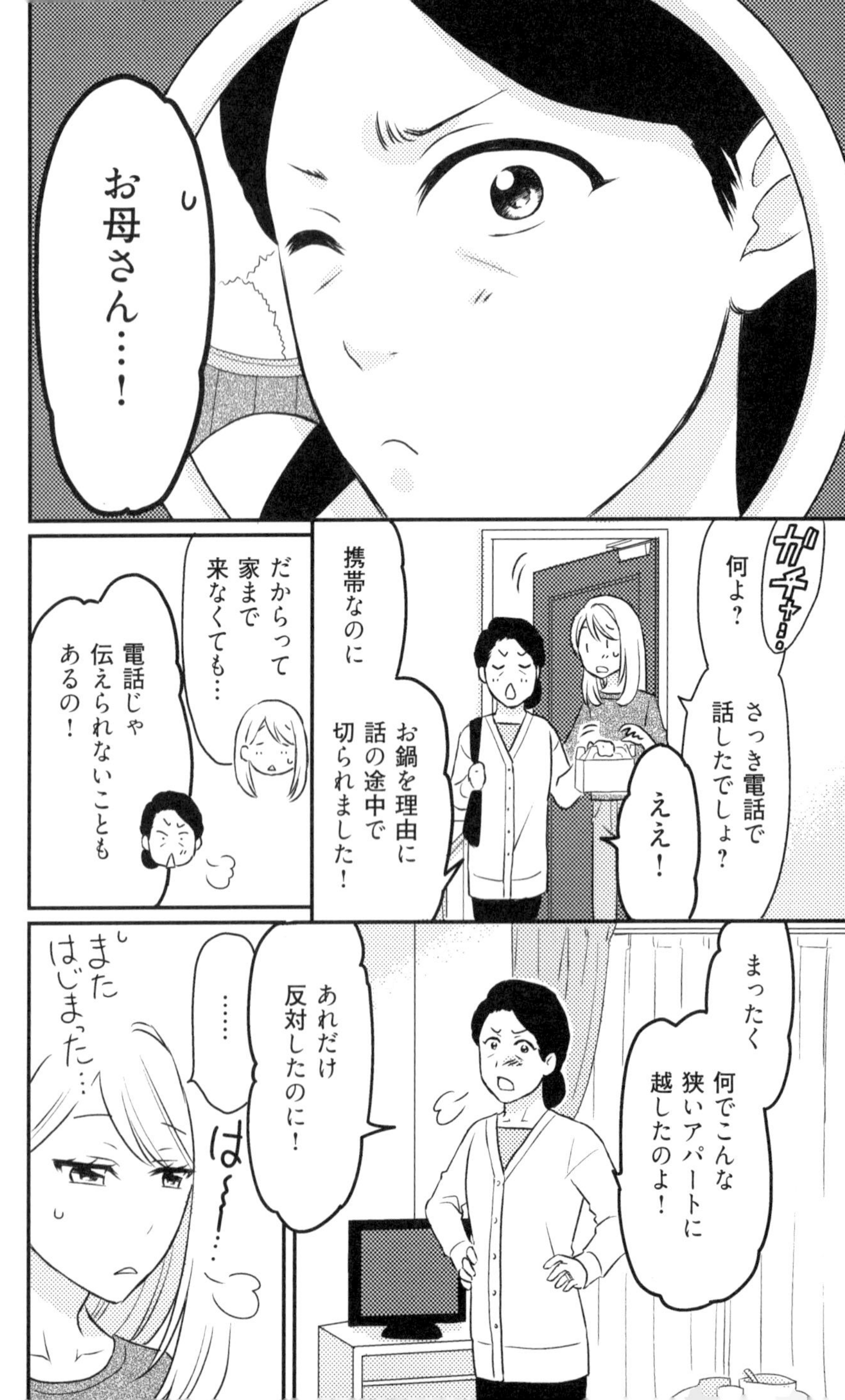
お母さん…！
ガチャ
何よ？
さっき電話で話したでしょ？
ええ！
携帯なのにお鍋を理由に話の途中で切られました！
だからって家まで来なくても…
電話じゃ伝えられないこともあるの！
まったく何でこんな狭いアパートに越したのよ！
あれだけ反対したのに！
……
はぁ～…
またはじまった…

シュー…
だからね
言ったでしょ？
ここのお隣さん
何なのあれ？
目が合ってもあいさつもしないで！
いったい何の仕事をしているのかしら？
トポポ…
髪の毛金髪に逆立てて
ピアスをあちこちにして！
「私は危険人物です」って
まわりにアピールしているのかしら？
ねぇ だから理香ちゃん
帰ってきてお願い
あんな人たちに囲まれてこんなところでひとり暮らし
コト。
お母さん心配で心配で気が気じゃないのよ！

次はなに…
あ！
それからこれ！
お見合い写真持ってきたの！
え
私としてはこの方がいいと思うんだけど
あなたはどう思う？
ほら素敵でしょ？
ぐいぐいーっ
この方にして一度お会いしてみない？
…はー…
…やめとく
仕事あるし

もう！
こんなに心配してあげているのに！
ぱしっ！
あなたはひとりじゃ何もできないんだから！
ひとりで決めたことといえば
会社を辞めたことと
このボロアパートに越したことだけ！
グッ
本当ろくなことしないんだから！
カッ

お母さん
もう　いい加減に
して!!
ガシャン!!
私は私
なのよ…!
あなたの
お人形じゃないの!!
ガッ
グイッ
り…
理香ちゃ…
もう
出て行って!
待っ…
ウチには
来ないで!
ガチャ!!

ほっといて!!
バンッ
…理香ちゃん…
は…
──そう
そんなことがあったの…

自宅にいることが多い私は
あまり家にいない父親と違って
ほぼ四六時中母親と顔を合わせていることになります
母親からの独立をここで指摘され
家を出ても母親から離れられずにいる自分に
何とか独立しようと思い家を出たのですが
我慢ができなかったんだと思います――
それで今は？
はい
無我夢中で母親を追い出したあと
電話も無視家にも入れません
しばらくうるさく言ってきましたが
この頃やっと落ち着きました
それは遅く来た反抗期よ
きゅ。

必要なこと
だったの
そのことで
あなたが気に病む
必要はないわ
少し
落ち着いたらね
今度は
お母さんのことを
考えてみて
彼女は
ひとりの人間
ひとりの女性
そして
ひとりの大人
なの
彼女のことを
客観視すること
によって
やがて
感謝の気持ちが
沸き上がって
くるわ
…そういうもの
なのでしょうか…
2カ月後——
喫茶
あの〜
お父さん…
ごめんなさい
あれから
お母さん
どうしてる？

……
お母さんのことは私も悪かった
ははは
一時は大変だったけど
いい薬になったみたいだよ
今はケロッとしている
すっ
いろいろ逃げていたところもあってな…
――お前は早産で生まれたせいかとても体が弱くて
いつも何か病気をしていた
それでお母さんはお前のことになるといつも必死になっていたんだよ
…うん知ってる…

そもそもお母さんって大学出てすぐお父さんと結婚したんだっけ？
ああ
どこにも働きに出ないまま
お見合いでな
今考えると子どもが子どもを産んだようなものだったかもしれない
……
——私は当時とても忙しくてね
す…
お前が生まれてから小学校に上がるくらいまでは
社宅で暮らしたんだ
——うん覚えてる！
このときお母さんは気丈に明るく振る舞っていたけど
社宅の婦人たちの仲間に入れずに
孤立して苦労していたんだよ
まわりからは「常識知らず」って言われてな

もともと自分で
何かをやり遂げた経験が
なかったから
ますます自分に
自信がもてなく
なってしまったんだ
…それが
原因で今の家に
引っ越したの？
ああ
苦労してローンを
組んでな
でも
その頃かな
お前の学校の
成績がよかった
ことに
お母さんは
夢中になった
んだよ
お前は
お母さんにとって
唯一の
「希望の光」
だったんだ
その後
難関の公立高校
国立大学への
入試をして
お前たちふたりは
まるで姉妹のように
立ち向かっていた

○大学合格者
たぶん
お母さんは
あのとき
人生で初めて
高揚感と達成感を
味わっていたんだ
と思う
自分の
人生の目標が
お前をとびきり
幸せにすることに
入れ替わってしまって
いたんだな
……
そのことに
気づいて
いながら
私は…
…お父さん——

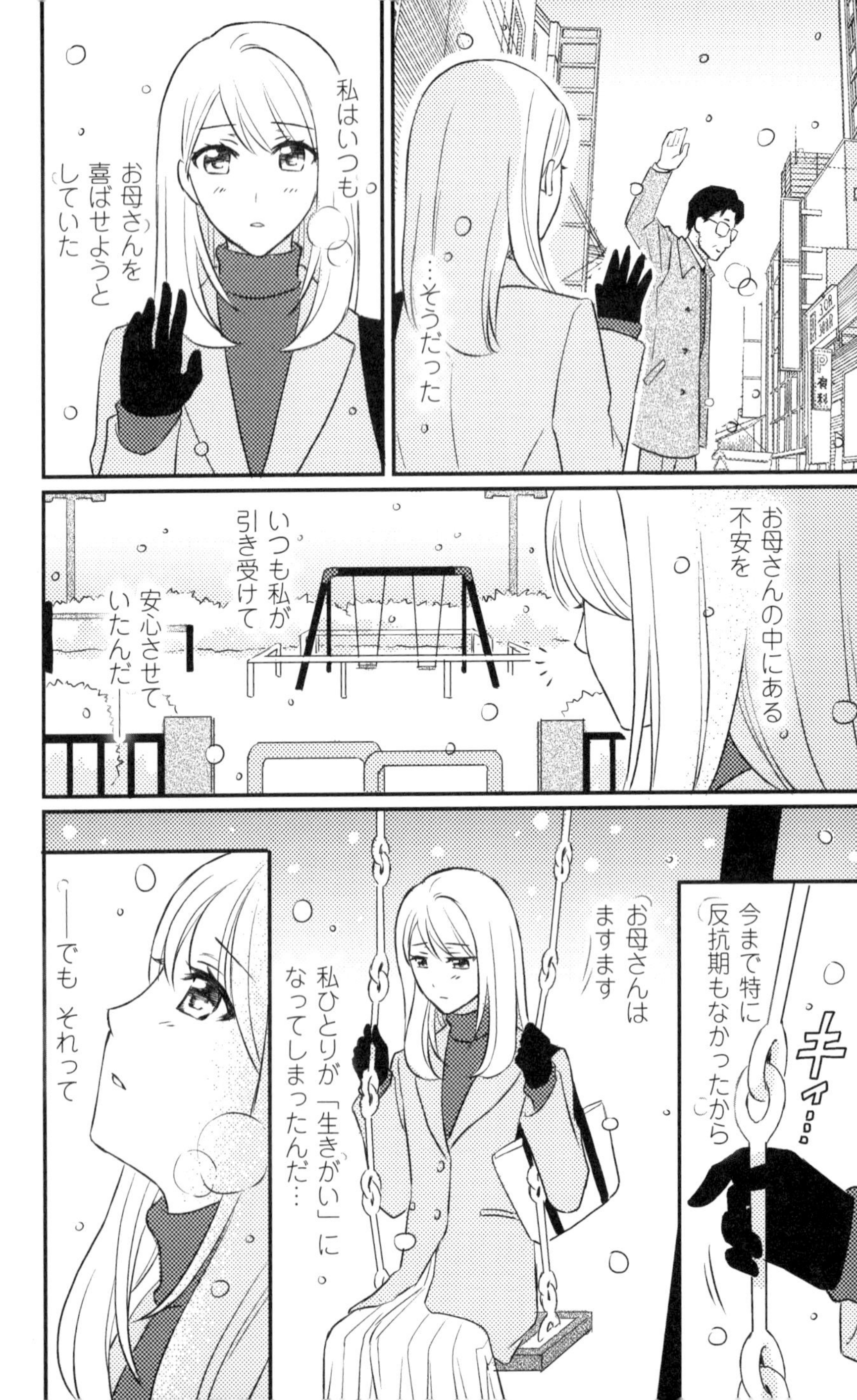
…そうだった
私はいつも
お母さんを
喜ばせようと
していた
お母さんの中にある
不安を
いつも私が
引き受けて
安心させて
いたんだ――
今まで特に
反抗期もなかったから
キィ…
お母さんは
ますます
私ひとりが「生きがい」に
なってしまったんだ…
――でも それって

私だけじゃなく
お母さんにとっても
すごく不幸なこと
なんじゃないだろうか
すごく寂しいこと
なんじゃないだろうか——
…お母さんって…
お母さんって
なんか
かわいそう…
ぐすっ
ずっ
お母さんのこと
初めてわかった
気がする——…

1カ月後――
――そう
涙が止まらなかったのね…
それはたぶん
あなたがお母さんを許したからなのよ
お母さんを許して
束縛から自立できたの
今 お母さんに対しての気持ちは
感謝で満たされているでしょう？
はい そのとおりです
でも立ち位置が変わったでしょ？
お母さんを客観視できるようになった
でも
うざいって気持ちは変わらないんですけど
あ～
あはは
それはなくならないわよ

ほら
結婚式でよく見かける風景――
両親への花束贈呈で
たとえどんなに仲の悪い親子だったとしても
両親と花嫁は号泣するでしょ？
あれと一緒
今のあなたは
「他人軸」から「自分軸」に変わって
受け止め方が変わり出しているの
…はい
母のことを許して理解して
そして感謝の気持ちが湧き上がってきました
なんか思いっきり泣いたらすっきりしてしまって
今までビクビクしていた他人に対しても
ラクに接することができるようになった気がします

それで あの…
母との関係 ですが
うまくいく でしょうか？
しばらくは ギクシャクが 残るかも しれないけど
あなたが 「自分軸」に いれば
お母さんの ほうもガラッと 変わります
今までは
あなたが お母さんに そうさせていた 側面もあったの ですよ
でも もう 大丈夫です
これからは お母さん だけでなく
まわりの 人間関係も 好転していき ますよ
そして これからは
本当に自分が やりたいことを 自分に問いつづけて みてください
きっと答えが 見つかるはずです
はいっ!!

数日後――
春日
ピンポーン♪
ふふっ
お母さんは
定番の
いちごショートと
モンブラン…
カチャッ
――はい
どちら様
ですか？
私！
理香！
お母さん
ケーキ買って
きたから
一緒に
食べよう！

「自分軸」を構築するステップ

「今回はお母さんとの関係性を見つめ直す方法をお話ししますね」

「私の場合、思わずお母さんを拒絶してしまったんですけど、大丈夫だったでしょうか?」

「ええ。一度自分の気持ちをとことん吐き出すことは、決して悪いことではないわ」

「私、母に対して反抗したこと今までなかったので、よくあんなことができたなって、今は思うんですけど……」

「お母さんとの距離をもう一度考え直すために**反抗期は必要**なの。それをやっと迎えたと思えばいいわ」

「はい。今、お母さんと少し離れて**客観視**できるようになりました!」

✸人間関係のおかしな距離感の正体

今いる「自分」を形づくったのはあなたのお母さんです。

私たちはお母さんのお腹の中にいるときからお母さんの言葉を聞いてコミュニケーション力を鍛えられています。もちろん、赤ちゃんですから言葉の意味はわかりませんが、その雰囲気（エネルギー）は伝わります。それに、おぎゃーと生まれてから当分の間、一般的にあなたの一番そばにいるのはお母さんです。そのお母さんから言葉、態度、価値観、考え方などを学んで成長していきます。

そんな土台があって、その上にお父さん、兄弟姉妹、おじいちゃん、おばあちゃん、幼稚園、保育園、小学校での人間関係などがのっかっていくのです。

ですから、自分軸にいるつもりでも、その性格やコミュニケーションの方法においては、お母さんの影響が色濃く出てしまいます。

したがって、**このお母さんを上手に手放さなければ、本当の意味で自分軸に立つことはできません。**

さて、お母さんが「感情的で、ときにヒステリックになる、よくしゃべるタイプ」ならば、あなたはそのお母さんとつき合うために「クールで思考的なコミュニケーション力」を身につけている可能性が高くなります。

しかし、もしあなたにお姉ちゃんがいて、彼女がお母さんのヒステリーを受け止める防波堤の役割をしてくれていたとするならば（すなわち、お姉ちゃんがクールで思考的だったとするならば）、あなたは逆に「お母さんそっくり」と言われるほどのかんしゃくもちになっている可能性もあります。

また、最近では絶滅危惧種とも言われる「とても厳格なお父さん」。仮に食事中は一切しゃべることを禁じられているような家庭で育った場合、言葉のキャッチボールが苦手となり、いつしかまわりから「無口なヤツ」と思われるような人になります。

このように、私たちは**育った環境によって「コミュニケーションの基本の型」を身につけます**。それは、同じ空手でも流派によって型が違うのに似ています。その型をベースにあなたは世間を渡っていくわけです。

もう少し理解度を深めていただくために、次にお母さんとの典型的な関係性をまとめてみました。

✸お母さんとの典型的な関係性

さて、前章でも少し述べた親の影響を今度は関係性により焦点を当ててお話しします。

❶お母さんとの距離が近すぎる

このケースは、境界線をうまく引くことができず、お母さんの感情や、思考の影響をもろに受けます。そのため何でも基準がお母さんになってしまい、自己喪失になりがちです（典型的なのは、自分の意見がわからないマザコン）。この状態は「**癒着**」といわれることがあります。

そのお母さんとの距離が基準なため、人に近づきすぎてしまったり、（お母さんにそうしていたように）**相手の顔色をうかがったり、相手の感情に振り回されたりするようになります**。

また、誰かの意見に同調することが多くなり、自分の意見をはっきりもてなくなります。ただし、人に対しては優しく「いい人」になることが多いので、まわりから慕われることも多いでしょう。

❷お母さんとの距離が離れすぎている

このケースは、人との距離をあけすぎてしまい、**親密な関係をつくることが苦手**になります。また、コミュニケーションが苦手で、うまく自分を表現できなかったり、まわりから「**あいつは何を考えているのかわからない**」と思われるようになります。

その一方で、自立が早かった分、自分をしっかりもっている人が多いでしょう。独立心が旺盛で、自分から新しい道に飛び込んでいったり、新たな境地を開いたりする力を蓄えています。

❸お母さんに嫌われていると思い込んでいる

このケースは、自分は人に愛されない、必要とされない人間だという思い込みをもちやすく、**自分に自信がもてません**。素晴らしい魅力や実績をもっていても、なかなかそれを受け入れられなくなるのです。そして、人に対してもつい素っ気ない態度、冷たい言動をしてしまうことも珍しくありません。

ここまでお母さんとの典型的な関係性を紹介してきましたが、誤解しないでいただきたいのはお母さんとの距離が離れていることがイコール突き放されていた、というわけではないことです。愛情の有無にかかわらず、たとえばお母さんが日中仕事に出ていたり、自分以外の兄弟を見ている時間が長かったりすると、間合いを広くとる人が多くなるものなのです。

✹お母さんとの関係を見つめ直し、人間関係のこじれを修復する

あなたの性格やコミュニケーション力、人間関係、つまり対人距離をはかるためのモノサシ

は、お母さんによってほとんど決まります。**大人になっても約7割くらいはお母さんの影響を受けている**といわれます。

それほどに大きな存在ですから、人間関係に関する相談をするときは、幼少期におけるお母さんとの関係を聞くことは避けて通れません。

それに、その影響の良し悪しにかかわらず、お母さんとの関係を見つめ直すことは、人間関係をより豊かにするためのヒントを与えてくれます。特にお母さんに対して感情的なしこりがあった場合、それがなくなればなくなるほど、人間関係がこじれないようになります。

中でも、**お母さんとの関係性が顕著に表れるのが、恋愛・結婚**です。

✸母親との距離が近いと結婚できない？

「結婚したいけれど、なかなか相手がいない」というご相談を本当に多くいただくのですが、お話をうかがっていくうちに、お母さんとの距離が近すぎることが原因である場合と、逆にお母さんとの距離が離れすぎていることが原因である場合が見受けられます。

まず、お母さんとの距離が近すぎる場合についてお話ししますが、1つめの理由として「**お母さんと自分との間に恋人が入り込む隙間がない**」が挙げられます。

たとえばある男性は、いつもお母さんが身の回りのことを完璧にしてくれていました。その姿はまるで貞淑な妻のような感じで、彼もまた何かとお母さんのことを気にしていたので、おつき合いする人ができても、いざ結婚となると抵抗を感じているようでした。

2つめの理由は「**お母さんが望む相手を結婚相手に選ぼうとしてしまう**」というもの。

ある女性は友だちに男性を紹介されても「この人、私的にはOKだけど、お母さんはきっと気に入らないだろうなぁ」と思うことが多く、仮に相手の男性から誘われても、うれしい気持ちがありながらも断ってしまうことが多いのです。

3つめの理由は「**恋人よりもお母さんを優先させてしまう癖ができている**」こと。

お母さんとの距離が近いある女性は、ようやく好きな人とのデートにこぎつけても、帰宅時間をずっと気にしていました。お母さんの体調があまりよくないらしく、心配になってついつい早く帰りたくなってしまうのです。

どれも「え？　そんなことしてるつもりはないのに⁉」と思われるかもしれませんが、無意識にそんな状況をつくり上げてしまっていることが多いのです。

✸母親との距離が遠いと結婚できない？

次の、お母さんとの距離が離れすぎている場合についてですが、これでどうして結婚できないのでしょうか？

お母さんとの心理的な距離は、対人関係における人との距離感の土台となります。そのため、心理的にお母さんと距離のある人は、**他人と距離を縮めることに抵抗を感じる**ようになります。そうすると、恋人になることはできても、より親密な「妻」や「夫」という立場になかなかなれないのです。

両親への花束贈呈で
たとえどんなに仲の悪い親子だったとしても
両親と花嫁は号泣するでしょ？
あれと一緒

あるいは、最初から恋人になったとしても結婚できない人、結婚の確率が低い人を選んでしまうことも多いのです。

たとえば、好きになった人が既婚者とか、年齢差が大きかったり、遠距離であまり会えなかったり、仕事などの状況から結婚が望みにくかったり、いわゆる**「障害のある恋」**になりやすいのです。

自分の母親が原因で彼氏が浮気をする?

彼の浮気の根本原因が自分のお母さんにあった、という場合もあります。

彼の浮気に悩む女性をカウンセリングしました。いつも嘘をついてはコンパに行き、職場の女の子に声をかけ、あちこちに女友だちがいるプレイボーイ君でした。それに苦しみながらも5年もつかず離れずつき合っていたのです。

彼女のほうは「母子癒着」の傾向がとても強かったのですが、その典型的なエピソードがありました。

「特に門限はありませんが……夜11時をすぎて帰ると母親の機嫌がすごく悪いんです。また、土日両方とも出かけると嫌味がすごくて、スマホに嫌がらせのようなメールや電話をしてきました。だから、彼の家にお泊まりしても全然気が気じゃなくて、泊まるつもりだったのに、お母さんがうるさいから家に帰ったことも一度や二度じゃありません」

彼女は嫌々ながらも結果的にお母さんを優先していました。すると、置いてきぼりになった彼は寂しいですよね？「オレより母親を選ぶのか？」と。

その結果、彼はほかの女性を求めるようになってしまったのです。

以上のように、**お母さんとの関係を見つめ直すと、恋愛や結婚に関して思いがけない原因を発見することがある**のです。ぜひ、お母さんとの関係を見つめ直す時間をつくりましょう。

✸本当の意味で自分軸に立つために

それでは、お母さんの影響を手放す方法についてご紹介します。
次の①〜⑥をきちんとやるだけで、だいぶ整理がつきますので、ぜひ1〜2カ月かけて取り組んでみてください。徐々にお母さんの呪縛から解放される実感を得られるはずです。

【感情の解放】

① 母親に対して正直に感じている気持ちを書き出す。怒りも愛情も寂しさも
② 母親に対して我慢していたこと、犠牲にしていたことを書き出す
③ 母親に対して言えなかったこと、母親のせいでできなかったことを書き出す

「感情の解放」によって心の中に溜まっていた**重たい感情を吐き出すことができ、心に余裕が生まれます**。特に怒り、悲しみ、罪悪感、恨みつらみの感情をもっていることは、お母さんのことをより強く意識している根拠になります。
①〜③のプロセスでそうしたネガティブな感情を解放することによって、お母さんに対してラクな心理状態をつくることができるのです。

【感謝】

④母親に感謝できることを書き出す

⑤母親が、自分の母親でよかった理由を書き出す

⑥母親に感謝の手紙を書く

「感謝」を向けることはお母さんへの愛を感じることです。**ネガティブな感情を手放し、そこに愛をたくさん入れる**ことで、お母さんとの間にポジティブな思いをつくることができます。

ポジティブな思いをもつ物や人に対して、私たちは自分軸で行動しやすいものです。

お母さんに対して感謝することで、お母さんに対するイメージがポジティブなものとなり、気分よくお母さんと接することができるようになるのです。

第4章

自分の気持ちを優先できる伝え方

Story 4

自分の弱点が長所に！

人が気がつかないことを気づけたり先へ先へ準備ができたり
とても気のまわる仕事ができる女性に再生したの
にゅっ。
こと？
なんかいろいろチャレンジしてみたくなっちゃって
前からやりたかったファッション誌の仕事をはじめてみたんですよ
もう無敵よ！
他人軸で悩んでいた人が
自分軸で生きる術を手に入れたら
とってもいいことよ!!
それで
他人ばかりを気にする「他人軸」から抜け出せたのよ
今私「自分軸」に立てているんでしょうか？
やったぁあっ
――いや
「春日はとってもできるヤツだから使ってみたら」って
だけど
何考えてるかわからないハッキリしないヤツでさぁ～

PDCA出版

PRRR…

…

人間関係において
ルールはあって
ないようなもの

人間関係において、ルー
いようなもの。

相手はあなたの行動を
待ってくれるわけでも
ないですし

相手の気持ちや行動を
先読みしたところで
「答え」はありません

最後は
「考えすぎて
何も手がつかない」
という

がんじがらめの
状態になってしまう
のですが

相手は
あなたがそこまで
自分のことを
考えてくれているとは
思いもしません

そうすると
あなたが使った
時間とエネルギーは
空回りしてしまい
「はっきりしないヤツだな
何を考えているか
わからないんだよ！」と
相手を怒らせて
しまうケースさえ
出てくるのです
う〜ん
そうか…
なるほどな…
わいわい
この間さぁ
撮影に
行ったとき
隣のスタジオで
「mari Q japan」の
アパレル撮影
やってたんで
ちょっと見に
行ったんだよ
そしたらさ
ウチにいた春日が
撮影のコーディネートを
してたんだわ
キビキビ
動いてるし
かなり印象
変わっててさ
最初誰だか
わかんなかった
んだけど
ああ 例の
「アタリ」って
書いた仮画像を
そのまま入稿した
ヤツだろ？
いつもヘラヘラして
何考えてるか
わからない女
だよなぁ

そうそう！
キャプション部分にも何カ所も「キャプション入る」だろ
ぶははは
キャプション入る
オレ 見本を見て笑っちまったよ
なんで入稿前にチェックしなかったのかねぇ
?
いや あれ入稿データを取り違えたらしいんだ
春日の話…だよな?
部長カンカンだったよな
見本だけで市場には出てなかったから最小限ですんだけど
印刷所に製本所取次にも相当迷惑かけたよな
なに何？
春日さんのこと？
にゅっ
ああ あのときは新戸さん講学館からの転職前でまだいなかったっけ？

でも 今
春日さんと仕事
してるんでしょ？
大丈夫なの
彼女？
なあ(笑)
ねぇ
ピク…
――いや
「春日はとっても
できるヤツだから
使ってみたら」って
部長に
勧められて…
たしかに
仕事はできた！
だけど
何考えてるか
わからない
ハッキリしない
ヤツでさぁ～
部長も
あれだけの剣幕で
しかっといて
事情を
話してないなんて
偽善者かよ！
たしかに!!
ハハハ!!

よく知らないけどな！
ぎょっ
春日はきっと場の空気を読みすぎて
何でも抱え込んだ結果なんじゃないのか!?
なんであんたたちは彼女に手を差し伸べなかったんだ！
ざわっ…
もう ひとりでこなせる量の限界を超えていたんじゃないのか！
しん…
…だって…
なぁ
彼女ってできるヤツだったから

オレらが
何かやると
かえって
邪魔かなと
思って…な！
そうそう！
だよな！
わかったよ！
どかっ！
そそくさ…
グッ…ッ
春日…よぅ…
カサ…
生きるの…
つらかった
ろうにな…
クシャ…

まあ
どうしたの!?
カッコよく
なっちゃって!!
はは…
なんかいろいろ
チャレンジして
みたくなっちゃって
前からやりたかった
ファッション誌の仕事を
はじめてみたんですよ
すると自分が
解放されて自由に
なったっていうか
「何でもできる」
って思えるように
なっちゃって…
やっぱり
そう?

春日さんは人間関係の最後方に控える
お母さんとの関係を突破したからよ
そのほかの人間関係は単なる代理戦争だから
おのずとそのゆがみは解消されたのね
それで
他人ばかりを気にする「他人軸」から抜け出せたのよ
今 私「自分軸」に立てているんでしょうか？
ええ
だってほら
自分の好きなことを見つけ出して
大いに自分を甘やかしはじめているじゃない！
とってもいいことよ!!
はい！
人に対して
「お願い」「頼み」「甘え」を覚えると
人間関係はもっとラクになるわ

あなたのもっている「敏感さんである」という才能から
人が気がつかないことを気づけたり先へ先へ準備ができたり
とても気のまわる仕事ができる女性に再生したの
他人軸で悩んでいた人が自分軸で生きる術を手に入れたら
もう無敵よ！
先生ありがとうございます!!
カシャッ
カシャッ

昨日 理香が教えてくれたお寿司屋さん
とってもおいしかったわ！
アリガト！
本当!? よかった！
おーい
この間使ったローブ どこやったっけ？
あ
ここです！
すみませーん！
ロベルトが何かほしいそうですが
春日さん聞いてもらえます？
ロベルトはカロリーオフのコーラです！
私 買ってきます！
パタパタ
……
彼女は？

春日ですか？
派遣ですが とんだ掘り出し物です
英仏独蘭語がペラペラで 文才は飛びぬけてます
よく気が利くし！
ほう カスガ…
おまたせしました！
Thank you!
前はPDCA出版にいたそうなんですが よく手放したなと
来て間もないですが ウチになくてはならない 大事なスタッフですよ
エクセレント！

チョット相談ありマス…
ええっ⁉
私がですが⁉
イギリス版で2年契約？
そのあと日本版で！
はい！
前向きに考えさせてください！
キャーッ
やったぁあっ
私が本当にやりたかったこと――…
大好きな海外ファッション誌で仕事がしたい！

そう思い
ライターの仕事を
セーブして

大手取次が
やっている
出版派遣の会社に
登録した

そして今
オンデナ・ジャパン社
刊行の

「mari Q japan」
撮影アシスタントの
職を得た

それだけで
人生最大の幸せが
手に入ると思ったが

さらに今
派遣会社と
いったん
雇用関係を切って

2年の契約で
「mari Q」のイギリス版の
コーディネーターを
しないかとの

誘いの電話が
あった

その契約終了後は
「mari Q japan」の
編集部員として
社員契約したいという

オンデナ・ジャパン社の
マネージャーからの
電話だった

私の仕事ぶり…
特に細やかな
気づかいについて
イギリス版の
マネージャーが
大変気に入り
日本版の
マネージャーに
懇願したそうだ
ぎゅっ！
頑張るっ！
まさに
自分軸に
変わり
対人関係も
生き方も
変わって
自分の弱点が
長所に変わった
瞬間だ

人間関係の築き方

「お母さんとの関係を突破すると、ほかの人間関係は、単なる代理戦争のようなものだから、《他人軸》から《自分軸》に変わることがすぐできるようになったでしょ？」

「はい、今までは他人がどう思うかばかりを気にしてましたが、それを**突き放してみると、世界が一変して、自分の好きを探せる**ようになりました！」

「ホント、見事な変わりっぷり！　自分の好きがわかると、今度は嫌いも見えてくる。他人とのかかわり方もずいぶん変わったでしょう？」

「はい！」

「では、なぜそうなるかを、心理的な側面を交えて、具体的にお話しするわね！」

✸「ドライな自分」を許可する

敏感すぎる人は「嫌われたくない」「迷惑をかけたくない」という一面がある一方で、人の気持ちを考えられるやさしい人です。だから、頼まれると断れなかったり、困っている後輩がいたら放っておけなかったりするのです。

しかし、そうして相手の気持ちを察して行動しても、あなたは恩着せがましくするのも嫌いなので、相手になかなか気づいてもらえません。

もちろん、相手に気づいてほしくて、ほめてほしくてやっているわけではないと思いますが、それでも、まったく感謝されないと、ちょっと寂しくなってしまうでしょう。

ですから**「あえて」冷たい人になってみる**ことをおすすめしています。

あなたのまわりに「あの人、ドライだよなあ」という人はいませんか？　もし、そういう人がいたら考え方や行動の真似をしてみましょう。

ここでいう「冷たい人」とは、次のような態度をとる人をイメージしています。

・自分の意見をはっきり言う
・まわりに関係なく自分の仕事が終われば、さっさと退社
・上司に対しても物怖じせず、仕事を頼まれても忙しければ断る
・あいさつなどはするけれど、会話からあまり感情が伝わらない
・職場の飲み会や歓送迎会などには参加しない
・職場ではちょっと浮いていて、ときには疎まれている
・自分の世界をもっていて、あまり心を開かない
・他人にあまり興味を示さない

もしかしたら、敏感すぎるあなたは、ついこういう人に振り回されてしまっているのかもしれませんし、こういうタイプの人を「苦手」と感じていることも少なくないのではないでしょうか？

ですが私は、機会がある度に、人間関係においては「**苦手な人を師匠と思え！**」という提案をよくしています。そう、自分とタイプが違う人で、苦手に感じる人は、じつは自分にとってとても大切なことを教えてくれるお師匠さんなのです。

なぜなら「苦手」と感じるのは、自分が嫌って隠している、自分の中にもある部分を見せてくれている可能性が高いからです。その自分の中に隠しもっているものこそが、人間関係を苦しめる要因になっているのです。

さて、彼らの考え方や行動の真似をするという話に戻ります。

もちろん、はじめはうまくいかないでしょう。

でも、気持ちがスッキリしたり、肩の力が抜けたりする実感はもてるはずです。

もちろん、「自分軸」さえしっかりつくれていれば、やさしいあなたが彼らのような考え方を取り入れたからといって、完璧に彼らのようになることはあり得ません。あなたのやさしさと、彼らの冷たさがいいあんばいにミックスされるだけですから、その点はご安心ください。

ここで大事なのは、「**ときには冷たい態度をとることができる**」ようになると、行動の選択肢が増えるということなのです。

たとえば、「あの子、今ちょっと大変そうだなあ。手伝ってあげようかなあ」と思っても、「いやいや、今は私だって大変なんだ。自分の仕事をまずは優先しよう」と気持ちを切り替え

春日はきっと場の空気を読みすぎて
何でも抱え込んだ結果なんじゃないのか!?

ることができます。

「ときには冷たい態度をとってもよし」

この許可を自分に出してあげましょう。

✸「人に期待しない」というアプローチ

敏感すぎる人は、無意識に相手にも同じことをしてもらいたいという「期待」をしてしまいます。人と自分は違うと頭ではわかっているけれど、つい「**私があなたの気持ちを察しているように、あなたも私の気持ちを察してほしい**」と期待してしまうのです。

だから、そこであえて「**人には期待しない**」と考えてみると、人間関係をかえって円滑にすることができるのです。

これは、「**相手の反応にかかわらず、自分を貫きます**」という宣言です。

相手の気持ちを察して行動して、それなのに相手が期待どおりの反応をしてくれなかったら、やっぱり報われない思いや相手への怒りを感じます。

ですがじつは、私たちはその行動をする前から「相手が喜んでくれるかな？ 感謝してくれるかな？」という期待をもっています。つまり、「相手が喜んでくれるし、感謝してくれるだろうから、相手の気持ちを察して行動している」という部分が少なからずあるのです。

そこで「人には期待しない」宣言です。

すると、「相手が喜んでくれようがくれまいが、やりたいときはやる」という姿勢がつくられます。**「相手の気持ちを察して行動する（他人軸）」から、「自分がしたいからやる」に考え方が変わる**わけです。

これは意外と人の気持ちを察してしまう癖を改善することにつながります。

✸好きなもの、したいことを「大量に」リストアップ

場の空気を読んで行動すると、どうしても自分の気持ちよりもまわりの空気を優先するよう

になってしまいます。

もちろん、それが自分にとっても嬉しいことであればいいけれど、たとえば友だちとランチでどこに行くかを決めるとき、「今日はちょっと和食がいいんだけどなぁ」という気分のときに「やっぱりイタリアンでしょ！」と友だちの意見に合わせてしまっては、心の底から楽しめなくなりますよね。

敏感すぎる人は、人の気持ちをあれこれ考えることは得意だけど、自分の気持ちを表現することは苦手です。ひとりになってもまわりの人のことを考えてしまう癖がついているのかもしれません。

「あのとき、こう言えばよかったかな」「自分の何がいけなかったのかな」などと、「ひとり反省会」ばかりしていないでしょうか？

そうした癖をゆるめて、自分のことを優先していくために、**「好きなものリスト」**や**「したいことリスト」**をつくるワークをおすすめします。

私が好きなもの。私がしたいこと。そのふたつにこだわって箇条書きで書いていきましょう。

「他人軸」で長く生きてきた人は、最初はなかなか書けないかもしれません。自分が好きなも

のを書いているつもりだったのに、気がつけば、みんなが喜んでくれそうなものばかりを書いていた、という人もいらっしゃいました。

好きなもの、したいことは、どんなことでもかまいません。食べ物でも、場所でも、アイドルでも、ファッションでも、旅でも、何でもかまいません。できるだけたくさん書き出してみましょう。

目安としてよくお伝えするのが、**両方合わせて「年齢×10個」**ほど書き出すというものです。たとえば32歳なら320個ですね。

好きなもの、したいことをたくさんリストアップしていく作業は、自然と心を明るく、前向きにしてくれる効果があるのと同時に、自分がどんな人間かを知るのにも役立ちます。

そしてもうひとつ、このワークには狙いがあります。

仮に好きなことを300個探すのに、どれくらい時間を必要とするでしょうか？　1日10個見つけても30日です。そう、自分が好きなこと、したいことを考える時間が格段に増えるのです。

「自分が好きなものは何？　私がしたいことって？」という意識で30日間すごせたら、自然と自分の好きなもの、したいことを見つけようという癖がつきます。つまり、**好きなものに意識**

を向けることを習慣化できるのです。

人の気持ちを察することが得意なあまり、自分の気持ちを見つめてこなかった人は、きっと最初すごく苦労すると思いますし、なかなか好きなこと、したいことが見つからないと思います。

それでもやってみる価値はあるので、根気強く続けてみてください。

✸好きなもの、したいことを言うリハーサルをする

好きなもの、したいことを素直に言うことが恥ずかしいどころか、相手の迷惑になると思っていることはありませんか?

もっというと、「欲張りと思われるんじゃないか?」「へー、そんなものが好きなんだ」とバカにされるんじゃないかと思っていませんか?

敏感すぎる人は自分の気持ちより人の気持ちを優先したり、相手がどう思うかを考えてしま

いがちです。
う癖がついていることが多いので、好きなもの、したいことを伝えることが苦手になってしま

ですが、好きなものを好きと言わないと、その思いは伝わりませんし、それは決して恥ずかしいことでも、欲深さを表すものでもありません。ごくごく自然な、当たり前の態度なのです。

では、どうしたら好きなものを好きと素直に言えるようになるのでしょうか？

そういった人にはまず「リハーサル」をお願いしています。

コミュニケーションは「スキル」です。語学などと同じく、何度もくり返し学習することで磨かれていきます。だから、「好きなものを好き」とはっきり伝えるコミュニケーションにもワークが役立つのです。

毎日、鏡に向かって1分だけでも「私は○○が好き」「○○がしたい」と声に出してみましょう。

女性ならばメイクをしたり、お風呂上がりに髪を乾かしたりする時間を活用するといいですし、男性ならば歯磨き、もしくは朝、服を着て鏡を見る時間にそれを取り入れてもいいでしょう。

また、ツイッターなどのＳＮＳやブログで、好きなもの、したいことをひたすらつぶやき続

けることも、好きなものを「好き！」と言う練習になります。

声に出すのも、ツイッターでつぶやくのも、内にある気持ちを表現する練習です。これはほかのコミュニケーションにも応用できるものですから、ぜひチャレンジしていただければと思います。

もちろん、「そもそも、好きなものがわからない」「したいことがない」という人もいらっしゃるでしょう。

人が喜びそうなものばかりを望んできた場合、自分が本当に好きなものについて考えることはいつも抑圧されてしまいます。そうすると、いざ「何が好きなのか？」と問われても、答えが見つかりません。

その場合は、時間をかけてもかまいませんので（それくらい重要なことなんです！）、「好きなことは何だろう？　何がしたいんだろう？」と自分の心に問いかけつづけてください。

きっとぼやけていた視界がクリアになっていくように、好きなものが見えてきて、したいことがわかってくるようになります。

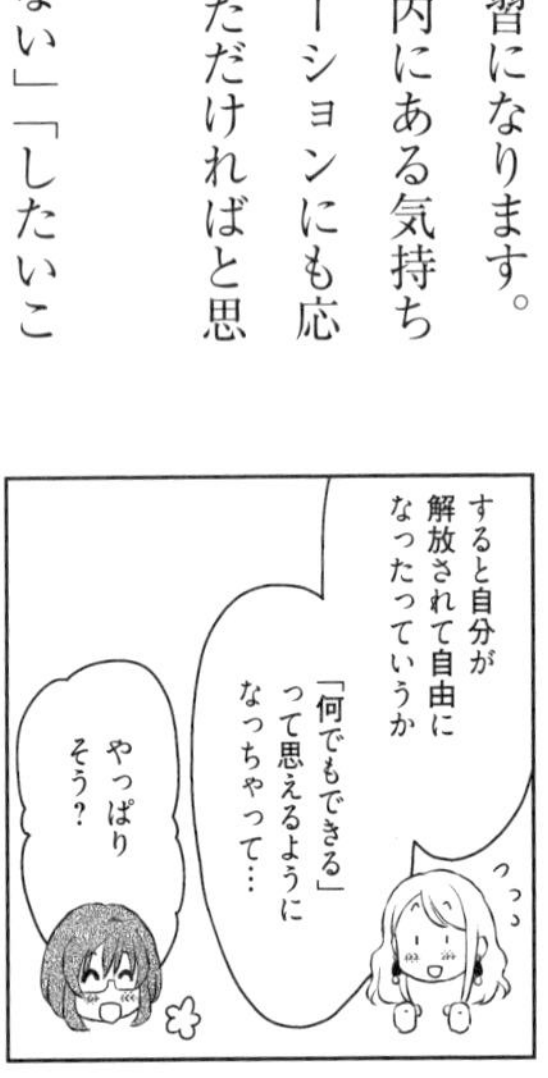

嫌いなことは克服せずに、受け入れる

好きなもの、したいことをリスト化していくうちに、「嫌いなもの」「興味のないもの」についても何となくわかってくるはずです。

では、その「嫌いなもの」について意識を向けてみましょう。

敏感すぎる人は、「私、それ嫌いなんだよね」なんて言おうものなら、相手の気分を害し、場の空気を乱してしまうと考えます。だから、嫌いなことでも我慢してつき合ってしまうことがよくあるのではないかと思うのです。

しかし、そうして犠牲的な態度をとっても、あまりまわりから評価されることはありません。もしあなたの演技が上手く、嫌なことをしているのにそうとは悟られない態度をとっているとするならば、むしろ「それが好きなんじゃないか？」とまわりから誤解されることすらあるのです。そうすると、だんだん人づき合いそのものがしんどくなってきて、引きこもりたくなるかもしれません。

ある女性はカラオケがあまり好きではありませんでした。職場の飲み会からの流れでカラオ

ケに誘われたとき、その日は意を決して「ちょっと今日は疲れてるので、お先に失礼します！」と、明るく言ってその場をあとにしたのです。同僚たちからは「えーっ！　帰るの？　もうちょっといいじゃん」なんて言われましたが、頑張って意思を通したのです。

そしたら、その帰り道の気持ちのなんと軽いこと。思わず自宅近くの居酒屋に寄ってひとり二次会を楽しんだそうです。

翌日、職場で先輩に「昨日は先に帰っちゃってすみません」と謝ったら、先輩は「いいよ、いいよ」と軽い返事。そうして彼女の気分はますます軽くなっていったのです。

それ以来、彼女は飲み会が終わると嫌いなカラオケには行かずにさっさと帰るようにしました。「なんだ、こんなことならもっと早く行動していればよかった」と思うほどだったそうです。

好きなものを好き、嫌いなものを嫌いとはっきりさせることは、彼女が体験したように「驚くほどに心を軽くする効果」があるのです。

そもそも、いい人ほど「嫌い」なことを認めるのに罪悪感を覚えたりします。嫌いであることがいけないような、申し訳ないような気持ちになってしまうのです。

しかし、好きなものがあれば、嫌いなものも当然あります。それは自然現象ですよね。だから、嫌いなものは嫌いでいい、とはっきり自分に許可してあげましょう。それを好きになる必要もなければ、無理して隠すこともないのです。

「嫌いなものは嫌い」と態度に表すのは勇気がいりますが、まずはそれを自分が認めてあげることが最優先です。これは「自分軸」を確立する上でもとても役立つ方法ですから、ぜひ意識的に取り組んでみてください。

そうして、嫌いなものを嫌いでいいと受け入れられたら、そのあとに伝え方を考えましょう。

「**どんなふうに伝えたら、相手の気分を害さずに自分の意思を通せるかな？**」ということを、意識して取り組んでみてください。

「ごめんなさい。じつは私、カラオケが苦手で。あの場がどうも自分に合わなくて楽しめないんです。それだとみなさんにご迷惑をかけますから不参加でもいいですか？」

「私、こう見えてカラオケがダメなんです。だからすみません！　お先に失礼します！」

こんな表現をさらっとできたら素敵ではないでしょうか？

✸「お願い」「頼み」「甘え」で、人間関係はラクになる

敏感すぎる人は、まわりの人が気づく前に気づいてさっさと処理してしまいます。それに、仕事ができる人（でも、自覚していないことが多いけど）も多いので、自分がやるべきことはある程度自分ひとりでできてしまいます。

そして、いろいろと人に気をつかってしまう分、**「お願いする」「頼む」「甘える」**はまるで「禁止事項」のように苦手なことになってしまいます。

「人に頼むより自分でやったほうが早い」「お願いすると迷惑じゃないかな？」「相手だって大変なんだし……」と考えがちな人は要注意です。何でもひとりで抱え込んでしまう癖づけがはじまっています。

人の面倒ばかり見て、自分のことは誰にも手助けさせない人は、まわりからは「あの人は大丈夫。自分でなんでも処理できる」として信頼される一方で、「私なんかよりずっと仕事ができる人」として、まわりから一線を引かれてしまうことも珍しくありません。

そういう状況になってしまうと、いざ何かをお願いしても「いや、私には無理です」と断ら

れてしまったりします。それを見て、みなさんはつい「やっぱりお願いしないほうがいいのかな」と思ってしまいます。

ただ、そうしてひとりで抱え込むのはつらいものですし、余裕もなくなってしまいます。「あの人はできる人」なんて認識をもたれると、仕事で結果を残してもまわりからは「当然」と思われて、これまた報われない状況を招いてしまうかもしれません。

「お願いする」「頼む」「甘える」……これらは相手に迷惑をかけたり、負担を増やしたりすることではありません。相手を頼ることでその人に自信を与えたり、自分の存在価値を認識させたり、役に立つ喜びを教えたり、与えることの喜びを知るきっかけをつくることになるのです。

だから、**お願いしたり、頼んだり、甘えたりするのは、決してネガティブなことではない**のです。

もし、あなたに後輩や部下がいるなら、なおさら彼らを育てることにもつながります。また、お願いしたり、頼ったりすることで、より心の距離が近づくので、職場の雰囲気がよくなっていきます。

「お願いする」「頼む」「甘える」は、人間関係を育てる「栄養

剤」なのです。そうして徐々にお願いしたり、頼ったりしていくと、適切な甘え方が身につき、**本当に大変な仕事のときに手伝ってもらえる**ようになります。

✸自分へのごほうびを欠かさない

まわりに気をつかいすぎている間、あなたは「他人軸」にいますから、自分に何かを与える余裕はありません。場の空気を読んでいるときも、その情報収集に余念がなく、自分にごほうびを与える前に疲れてしまいます。

年に1回くらい、海外旅行とか、ほしかったバッグなどを与えてあげているかもしれませんが、もう少し日常的なちょっとしたごほうびを与えてあげましょう。

あなたは自分が喜ぶものが何か知っていますか？

ケーキやお酒でもいいし、カフェでゆったりすごす時間でもいいし、お風呂にゆっくり入ることでもかまいません。ふだんできることで、**自分が喜ぶことを「ごほうび」という大義名分のもとに与えてあげてみる**のです。

「自分に与えたものが、人に与えられるもの」とよくいいます。自分を喜ばせてあげられなければ、本当の意味で人を喜ばせてあげることは難しいのです。

「他人軸」になってまわりの空気を読んでしまうときは、たしかにまわりの人の喜ぶことをしているのかもしれませんが、あなた自身が喜べていません。そうすると、まわりの人は笑っていても、あなたは笑っていないわけです。もちろん、表情は笑顔かもしれませんが、心が笑っていないのです。そして、その空気はまわりの人に確実に伝わっていきます。

その場は何とかバレずにすむかもしれません。しかし、同じメンツで毎日仕事をするような関係だとすると、それがだんだん隠し通せなくなっていきます。そうすると、あなたは知らず知らずのうちに、その場で浮いてしまうようになるのです。

ですから、**まず、自分に与える。そして、自分を喜ばせる。**この法則をぜひ忘れないでください。

自分に「与える」ためには、まず1日の中で、ちょっとした「ごほうび」を選ぶ楽しさを知ってください。そして、それを自分に与えることに罪悪感をもたなくてよいと意識してみてください。

「まわりの人に気をつかいすぎて疲れたなぁ」という日はちょっと豪華にしてみてもいいでしょう。こんなふうに、自分を喜ばせてあげることを意識的に毎日行っていきます。これを1カ月続けてみてください。

私のおすすめは**「簡単にできる自分が喜ぶことリスト」**をつくることです。それはいわば、レストランでいうメニュー。朝、もしくはお昼休みに見て、今日はどんなごほうびをあげるか決めるのです。それだけでもその日の気分が変わります。そして、自分が喜ぶタイミングと方法で、そのごほうびを自分に与えてあげましょう。そのときぜひ、自分の心に湧き上がる感情に意識を向けてみてください。

いい気分になれたら、1カ月だけでなくさらに続けてみましょう。1~2カ月続けてみると、あなたは自分を喜ばせることを日常化しているため、気分も変わり、表情すら変わっているはずです。そしてそれは、あなたのまわりの人たちにも伝わり、人間関係に望ましい変化をもたらしていることでしょう。

第5章

嫌いな相手への接し方

Story 5

嫌いな人のいいところ

PDCA出版
PRR…
はい
PDCA出版――
おっ！
春日か
ガサ
ゴソ
何？
来週火曜
のこと？
はい
…あの…
また重たい
お土産も
あるので
車で
前打ち合わせを
兼ねての同乗と
いうのはいいの
ですが…
ずさーっ
ぐいっ
…あの…
おぅ
それで？
ぴた。
新戸さんの
お車
当日は少し
きれいにして
いただけますか？
私　前も
言おうと思ってた
んですけど…
…うん…
了解です…
ぐちゃあ…

――お前
言いたいことを我慢せずに言えるようになったんだな
すごい進歩だ
これが自分軸？
は…
はい！
みかん
みかん
グググ
…よいっ…しょ…
PDCA出版
ずっしり。
…重っ
ザザ…ッ
みかん
み
みかん

ガチャッ
おう
おまたせ
今 トランク
開けるから
すーっきり
今日でいよいよ
風早先生の取材も
最後かぁ
はい
バムッ
まあ最後ぐらい
きちんとあいさつ
しないとな
しっかし
米の次は
ミカンなんて
ウチの会社も
どういうセンス
してるんだろうな
あはは
今度は
専務さんのご実家
からですって
重役さんのご実家は
農家が多いんですか？

いや
常務の実家は
漁師
よく
新巻鮭とか
持たされるよ
まあ！
それにしても
春日！
ずいぶん
カッコよく
なったな！
なんか
キラキラで
イキイキ
してるぞ！
これも
新戸さんと
風早先生の
おかげです
こんな
素晴らしいお仕事を
私に振っていただき
ありがとう
ございました！
あ
…音楽
かけて
いいか？
ええ
お話も
ありますので
静かな音楽なら
了解
あ.
ヘビメタは
NGです
MUSIC
ぴたっ

へ…
ヘビメタはダメ…なのか…
はは…
にこにこ
ちなみに私
タバコの煙もダメです！
うっ!!
ぴたっ
え…
じゃあ前のドライブのときは…!?
とっても苦痛でした
にっこり
それもあってか
新戸さんのことはその先輩風を吹かせるところとかも含めて
全般的にNGでした
ぐっさり。
―でも今は
人間的に尊敬できる方かなと思ってます
…そうか…
全般的にNGだった…のか…
きいてない。

さあ
今日は
いよいよ
取材最終日ね
最後は
「嫌いな相手への
対応の仕方」について
お話しします
ビジネスの現場や
嫁姑問題など
好むと好まざるとに
かかわらず
嫌いな人と
どうしても
関係を
築かなくては
ならないことって
ありますよね
チラッ
基本的な
接し方として
よくご提案
しているのが
その人と
接するときは
感情を無視して
表面的なやりとりに
終始すること
つまり
まずは
相手のことなんて
考えないで
「嫌いなものは
嫌い」と認め
嫌い…
「私は私
他人は他人」
と
はっきり
線を引くこと
から始めます

*アファメーション……自分自身に対する肯定的な宣言のこと。

――など
理由を掘り下げられるはずです
私 身のまわりとか自分自身を含めて
不潔な人はダメですね
あと
人前で平気でタバコを吸う人とか…
ドキーーッッ
か…
肩身が狭い…
ふふ
――そして
❸嫌いな人のいいところを
あえて探してみる
❹嫌いな相手を自分の中に入れてみる
❸❹に関しては
春日さんはお母さんとの関係修復で すでに体験ずみですので
説明は省きますね
はい 一緒ですね

その人のことがどうして苦手なのかがわかると
少し気持ちにゆとりができるのか
今度は「その人のいいところはどこだろう？」って探しはじめます
そうしてはじめてその人の全体像が見えてきて
理解できるようになるのですね
そうその状態が❹です
「自分の器に相手をちゃんと入れることができた」状態ですので
苦手だった人ととてもラクにおつき合いができるようになります
…ってことは
つまり…
春日はオレのことを相当「ムリ」と思っていて
なぜ嫌いなのかその理由を探した
そしてそれを理解し
今度はオレのいいところを見つけるように努め
自分の器の中に入れることができた——

そういうこと？
はい
そのとおり
です！
ズゥーーン
おぉ…
じゃっ
じゃあ
オレのいいところ
ってどこ？
ねー
えーと
正義感が
意外と強くて
いいかげんなわりに
誠実なところ…
でしょうか
おお！
…お？
"意外"いいかげん…
…それって
ビミョーだよな
ビミョー
ですね

ずーん。
いえ！
新戸さん
私は新戸さん
のこと
人間的には
とっても
尊敬してる
んですよ！
ぷーっ！
…ちょっと
生理的にはムリ
なんですが…
とどめ。
あははは
そのくらいに
してあげましょう
春日さんっ
ですね！
…は…
はは…
風早先生
この数カ月間
本当にありがとう
ございました！

先生のお話をおうかがいして　私
なんかすっかり変わることができました！
ぺこっ！
――そして　この仕事をするきっかけを与えてくださった新戸さん
感謝の気持ちでいっぱいです
ごめんなさい
ぺこっ！
最後ちょっとからかうようなこと言ってしまって
おう
本心としか思えなかったけど
――私　この仕事を終えたら
2年間ファッション誌の仕事で
ロンドンに行くことに決めました

語学が好きで
ものを書くのが
好きで
ずっと
やりたかった
仕事です
今までの私
だったら
「ムリ」って
逃げ出していた
と思うのですが
今は
おかげさまで
「他人軸」から
「自分軸」で立てる
ようになり
チャレンジして
みようという勇気が
湧いてきました
そして
人脈を得て
スキルも磨いて
帰ってきます!!
おおお!

おめでとう!!
ばんばんっ
いたいですよ。
なっ？
生きるってやっぱり楽しいことばかりだろ!?
それはいい加減な新戸さんだからです
いいすぎ！
にこ…
でも応援してます
私のつたない話を
素敵な原稿にまとめてくれてありがとう！
本が出るのを楽しみにしてます!!

第5章
解説❻

こじれた関係の治し方

「さて、最終テーマ。苦手な相手とおつき合いする方法をお話ししますね」

「たしかに、職場でもプライベートでも、**好きな人ばかりと接することなんてできませんよね**。ぜひ、おうかがいしたいです！　私の場合、まず生理的に新戸さんはムリなんですけど！」

「フフ……、春日さん、本当にそう思ってます？」

「ええ！」

「まあ、新戸さんが無神経な態度で接したことへの仕返しはそのへんで！　さて、対処法だけど、お母さんの接し方のときと似ているのよ。あら、かわいそうに……新戸さん、聞いていますか？」

✸避けられない苦手な人とつき合うコツ

職場に苦手な人がいたり、取引先に相性の合わない人がいることはよくあることです。とはいえ、あからさまに嫌な態度をとってしまったら、ビジネスにも大きな影響をおよぼしてしまいます。また、夫婦や嫁姑問題のように、物理的になかなか切り離せない人もいます。

かかわらなければならない嫌いな相手との基本的な接し方のコツは、**心理的に距離を置いて、あくまでビジネスライクなつき合い方をする**ことです。わかりやすくいえば、その人と接するときは感情を無視して表面的なやり取りに終始します。

コミュニケーションも最低限にし、もしきちんと話をしなければいけないときは、可能ならば誰かに代わってもらうか、それができないならば別の人に同席してもらうことを検討します。どうしてもそれが無理なら「これも何かのお勤め」と思い、なんとかその時間をやりすごせるように必要事項だけをやり取りするようにします。

最終的な手段は、物理的な距離を取ることです。要するに会社を辞める、離婚するのです。我慢して大きなストレスを抱え込むよりも、**自分の身を守ることのほうが大切**です。

しかし、まだ我慢できる余地があるのであれば、次の4つのステップを踏んでストレスを軽減してみてください。

【ステップ01】嫌いな人を嫌いと認める

まず、自分と苦手な相手との間に、はっきりとした線引きをしなければなりません。

いい人ほど「**嫌いになっちゃいけない**」「**相性が合わないとか思ってはいけない**」などと自分の気持ちを否定してしまいます。そして、なんとかうまくやろうとして心労を重ねてしまうのです。

まずは「**嫌いなものは嫌い**」と認めることが大事です。それをいけないことと思ってしまうとドツボにはまってしまいます。そのとき、相手にどう思われるかは気にしないことがポイントになるのですが、だからこそ自分軸でいられることがすごく大切になるのです。

ちなみに「**私は私、他人は他人（この「他人」の部分はあなたの嫌いな人の名前を入れてください）**」という、自分軸を確立するときに使うアファメーション（くり返し自分の中で唱えて、自信にすること）はとても効果的なのでおすすめです。

このように**嫌いな人との間にはっきりと線を引いてつき合えるようになると、それだけで心理的にとてもラクになれる**はずです。

【ステップ02】「なぜ、嫌いなのか？」理由を明確に掘り下げる

相手との間に明確な線を引いたとしても、どうしても気長につき合わなければならないとか、嫌いなままでは仕事がやりにくいという方もいらっしゃるでしょう。

そんな場合について考える前に、少し深い話になりますが、心理的に「嫌い」とはどういうことかを考える必要があります。

さまざまな人がいる中で、その人に対して「この人は嫌い」という感情が湧き起こるのは、そこに何らかの心理的な問題を自分自身がもっていることを表しています。

ついつい「相手が悪い」と私たちは思いがちですが、その人とうまくやれる人もいる中で自分が合わないという

――など
理由を掘り下げられるはずです
私 不潔な人はダメですね
身のまわりとか自分自身を含めて

ことは、**自分自身の中に何か抵抗、傷、禁止などの要素があるわけです**。

ですから、その理由を見つけていくことが、嫌いな人とうまくつき合うためのふたつめのステップになります。

心理学では「投影の法則」といいますが、**人は過去に自分を傷つけた人に雰囲気、立場などが似ている人のことを嫌いになります**。

たとえば、あなたのお父さんが高圧的で一方的に物事を決めつける人だったので、いつもビクビクしながら育ってきたとしましょう。すると、お父さんという存在はいわば家庭内の権威の象徴ですから、職場の権威である上司や社長など目上の立場にある人にお父さんを投影してしまい、その上司のことがわけもわからず苦手になります。

また、上司に限らず、お父さんと同じような言動をする人を見ると、たとえ姿かたちが似ていなくても、「お父さんに対して感じていた嫌な気持ち」をその人に投影するので苦手、嫌いになります。

こうした誰かを投影しているケースでは、被害者モードになってしまい、受け身に回りがちです。嫌な気持ちをどんどん膨らませながらその人とつき合うことになるので、相当なストレスを抱えてしまうのです。

それを主体的に解決していくためにも、「自分が誰をその人に投影しているのだろう？」という見方はとても有効です。「ああ、この上司にお父さんを投影しているのね」と気づくことで、少し気持ちをラクにしてつき合えるようになります。

また、この「投影の法則」は**他人をその人に映し出すだけでなく、自己嫌悪も投影しています。**

たとえば、時間にルーズでいつも遅刻してしまう自分を嫌悪していると、ほかの人が時間を守らない場面に遭遇したときに、その人のことも嫌悪します。そういう意味では「嫌いな人」をよく見ていくと、「じつはその人は自分そっくりだった」という真実に気づいてしまうことも多いのです。

このケースは意外なほどに多く、「何で○○さんのことが嫌いなの？」とお話をうかがっていくと、だんだん自分でも「あれ？　もしかして、それって自分のこと？」と気づいてしまい、ショックを受ける方も少なくありません。

このように自分と似ている人を嫌悪している場合、人にかまっている暇はなく、とにかく自己肯定感を上げることが求められます。**自分のことを肯定し、愛せるようになっていくと、その人のことも許せるし、ふつうにつき合えるようになる**から不思議です。

自分とは正反対な生き方をしている人に対しても、人は憧れと同時に嫌悪感も抱きやすいものです。

「わがままを言っちゃいけない」と思っている人は、自由に行動している人に対して嫌な感情をもちます。「ちゃんとしなきゃいけない」と思っている人は、いい加減な態度の人のことが嫌いになります。つまり、**私たちは無意識に自分が禁止していたり、我慢していたりすることをほかの人がやっていたら、その人のことを嫌いになる**のです。

往々にして、私たちは大人になって自立した分だけ、「正しさ」にこだわるようになります。「期日はきちんと守るべきだ」「宴席では上席者よりも先に箸をつけてはならない」「与えられた仕事はちゃんとこなさなければならない」など、多くの「正しさ」というルールをもっています。

このルールを破る行動に対し、私たちは「怒り」をもち、それをした人が嫌いになるのです。ときにはこの正しさがぶつかってケンカになることもしばしばで、お互いにどちらが正しいのかを主張し合います。

このことを**「正しさの争い」**といい、職場はもちろん、家庭や友人関係などあらゆる場面で顔をのぞかせます。

嫌いな人に対してこの正しさを適用すると、**「自分は悪くない。あいつのせいだ」**という思いをもちやすくなり、表面的、あるいは水面下でその人のことを否定し、攻撃するようになります。そして、自分がその人を嫌うことを正当化してしまうのです。

この「正しさ」がいけないというわけではないのですが、これをたくさんもちすぎてしまうとつねに人に対してイライラしていなければならず、嫌いな人がどんどん増えていきます。いわば、自ら敵をつくってしまうのです。

したがって、**人間関係を構築するにはこの「正しさ」をできるだけ手放して、こだわらないようにすることをおすすめしています。**

前向きに言えば、あなたが嫌いな人、苦手な人は、そうした心の内にある正しさの存在を教えてくれる得がたい人なのです。

【ステップ03】嫌いな人のいいところをあえて探してみる

「なぜ、その人が嫌いなのか？」という理由を自分の中に求めることができると、それだけで相手に対する抵抗感は薄れていきます。まったく平気とはいかないかもしれませんが、それでも以前よりもラクな気持ちで接することができるはずです。

そして、心理的に少し余裕が生まれますから、**「あの人のいいところってどこだろう?」**というようなチャレンジができるようになります。

たとえば、「わがままで、自分勝手で、約束の期日も守らないいい加減なヤツだけど、仕事の質は高いんだよなぁ」とか、「感情的で気分屋でつき合いづらいヤツなんだけど、なんか憎めないんだよなぁ」とか、「いつも正論ばかり言って正直苦手なんだけど、ちゃんと将来のことを考えて今からきちんと準備してるから、そこは尊敬できるんだよなぁ」みたいな感じです。**嫌いなところは嫌いなままでいいんですが、その一方で、いいところを見てあげられるようになります**。すると、だんだんその人のことが受け入れられるようになるのです。

そして似た経験をたくさんすると、苦手な人に対して、はじめから「この人にもいいところがあるんだろうなぁ」という目で見ることができるようになります。

【ステップ04】嫌いな相手を自分の中に入れてみる

たとえば、いつも偉そうで高圧的、それでいていい加減な態度をとっている上司のことが嫌いだとして、何かの折にその人が何でそんな態度をとるようになったのかを理解します。そのためにはそれなりに話をする機会をつくらねばならず、また相手の話を受け入れる必要があるわけですから、それなりのエネルギーを使います。

しかし、その上司が本当は自分に自信がなく、いつも不安でいっぱいだったからこそ、その裏返しで偉そうな態度をとってしまうこと、いつも一生懸命がんばっているのに上からなかなか評価されずに悔しい思いをしていること、家庭の中にも居場所がなくて孤独感が強いことなどがわかってくると、「だから、そんな態度をとってしまうのか」と**受け入れ、許してあげられるようになる**のです。すると、偉そうで高圧的な態度に対しても受容できるようになってきます。

この状態になると、**「相手を自分の手の内に入れた」**とか**「自分の器に相手をちゃんと入れることができた」**と言えるので、とてもラクにつき合えるようになります。

ステップ01～04を経ていくと、嫌いな人がだんだん平気になっていきます。ストレスが一気に軽減されるので、仕事にしても、プライベートにしても、とてもラクになります。

とはいえ、それぞれかなりのエネルギーを必要とします。

そのため、嫌いな人に対してすべてのステップをたどるのではなく、**「自分が相手とどうなりたいか？」「それだけのエネルギーを注ぐ価値があるか？」**という**自らのモチベーションによって決めていく**ことが望ましいでしょう。

たとえば、パートナーやこれから長く仕事を一緒にやっていく相手だとしたら、やはり**ステップ04**まで経るのが得策でしょう。

その一方で、月に1回くらいしか会わない取引先の営業マンが相手だったとするならば、**ステップ04**までエネルギーを使う気にはなれないでしょう。**ステップ01**の対応だけで十分ではないでしょうか？

嫌いになる人は多くのことを自分に教えてくれ、また同時に成長させてくれる人でもあります。この4つのステップは自分を見つめ直すうえでもとても役立つアプローチですので、ぜひ試してみてください。

✹仲よし同士でも要注意！　親しき中にも距離があり

意外かもしれませんが、嫌いな人ではなく、**とても仲がいい人とのつき合いにも気をつけなければなりません**。距離を縮めすぎて、後々トラブルになることもよくあります。

「親しき中にも礼儀あり」と言われますが、まさにそんな事例をひとつご紹介します。

セラピストのAさんとBさんはもともと同じお店で働いていた友人同士で、気心が知れ、プライベートでも一緒に遊ぶ仲でした。数年その店で経験を積み、2人は共同でサロンを開くことにしました。お互いにお客様もついていましたし、ノウハウもスキルもあったのではじめはとても順調でした。

ところが、サロンを開いて1年くらいした頃から、なんとなくギクシャクが増えたのです。

Aさんが主に会計を、Bさんがホームページの更新やチラシの作成などを担当していたのですが、だんだんAさんはBさんの金銭感覚に不信感をもつようになりました。

Bさんとしてはきちんと必要経費を計上しているつもりだったのですが、いいものをつくりたいという気持ちから少々高品質な素材を使っていたのです。

Bさんはそうした説明をしたのですが、Aさんはそのほかの点でもBさんに不満を抱えるようになり、開店から2年半でBさんはAさんのもとを去ることになりました。

AさんとBさんは一緒にサロンをはじめる際に、本来決めておくべき経費上のルールや運営上の役割分担をあいまいなままにしておいたようです。

仲がいいし、何でも話せるから、問題が出てもそのときに話し合えばいい、という思いでお互いいたそうです。

ところが、いざ問題が起きてみると、お互いの考えにすれ違いがありました。しかもそこにプライベートの恋愛問題なども絡んできて、一気に溝が深まってしまったようです。

アドバイス

仲がよすぎるがゆえに、「**その関係を崩したくない**」という思いから、**問題をなんとなくあ**

いまいにしたり、放置したりしてしまうことは意外に多いものです。

今回ご紹介したAさん、Bさんの関係性はわかりやすいのですが、役割分担も大まかに会計と宣伝（ホームページ）というのはお互いの得意分野から決めていた一方で、宣伝費がいくらだの、チラシやメニューにかける金額といったお金についてはあいまいだったそうです。

また、Bさんが行っていたホームページの運営やブログ、SNSへの書き込みは見た目以上にストレスがかかるのですが、「私はよくわからないから」とあまり積極的にかかわってくれなかったAさんにBさんは不満を募らせていました。

そうした不満やすれ違いはあれど、ご飯を食べに行ったり、定休日には一緒に買い出しに行ったり、友だちとして仲よくしていた面もあり、なかなかお互いの思いを言い出せず、気がつけばどんどん問題ばかりが大きくなってしまったそうです。

信頼できる相手だからこそ、言いにくい話題にも踏み込むことが大切だと教えてくれる事例です。

一般的には、お金のこと、家族のこと、体調や健康に関すること、政治や信仰している宗教などについての話題はタブーとされていま

す。

しかし、お互いの関係にとって重要なことなのに、関係悪化を気にしたり、今のいい関係が崩れることを危惧したりしてタブーから目をそらしていると、結果的に関係性が一気に破綻してしまうこともあります。

そうした言いにくい話題に踏み込むために大切なことは何でしょうか？　一般的には**「勇気」**だと思いますが、もうひとつ大切なものがあると思っています。それは**「信頼」**です。

違う環境で育ってきた者同士が友人なり、恋人なり、ビジネスパートナーになるわけです。当然、価値観も違えば、考え方も違うところが出てくるでしょう。そのときに、相手の人となりを信頼し、またこれまで築いてきた2人の関係を信頼して、思い切って伝えてみるのです。

そうしたトラブルやすれ違いは物別れの原因にもなりますが、一方で、より強い絆をつくってくれるきっかけにもなります。

「彼は自分が正直に話せばきっとわかってくれるし、理解しようとしてくれるだろう」

「今までいい関係を何年も築いてきたんだ。だから、これくらいのことで破綻するなら、それまでの関係だ」

そんな思いを抱いて一歩踏み出してみてください。きっと以前よりも信頼関係をさらに深められると思います。

突然、自分や相手の心が変わってしまうのはなぜ？

一般的に中学生くらいは反抗期の真っ盛りといわれています。親の言うことにいちいち反発したり、無視を決め込んだりする時期ですね。この反抗期は親からすれば面倒な時期ですし、本人としても自分の感情に振り回されて繊細な思いに悩む時期でもあります。

しかし、これは「親から精神的に自立する時期」として成育上、とても大切なものなのです。そして、**この反抗期は何も思春期にだけ起こるものではなく、あらゆる人間関係において起きるもの**でもあるのです。

恋愛でもつき合いはじめて数年すると関係性が変わります。それまで大人しかった相手がだんだん自分の意見を言いはじめて、２人の間に険悪な空気が漂った、という経験をされた人も多いでしょう。

仕事においても、はじめは先輩や上司の言うことを素直に聞いていたのに、何年か経つと自分のやり方や考え方をもつようになり、上司や先輩に反抗的になる時期がきます。そして、**「この会社にずっといていいんだろうか？」**と考えるようになります。

それを私は**「社会における反抗期問題」**としてよく取り上げています。

たとえば、「上司のやり方はもう古いのではないか？」「この会社のシステムはもう時代遅れだ。このままでは生き残れないんじゃないか？」「今までのやり方よりも、このほうが効率的なんじゃないか？」といった思いがどんどん強くなっていくのです。これは社会人として、あるいは組織人として、自分の意見をもち、自信をもっている証拠で、それなりの実績や経験を糧に、自分なりのやり方や考え方を構築しはじめたことを表しています。社会人としてはじつに素晴らしいことだと思います。

とはいえ、そういう意見をもったとしても、すぐに意見を通してくれる会社は少なく、たいていは否定されてしまうことになります。すると、**「オレの気持ちを会社はわかってくれない」**となり、否定的な思いをもつようになりますし、そ

こから「独立して自分の会社をつくる!」という思いになればよいほうで、多くの人は「仕方がない。この会社は変わらない。ここにいるなら会社の方針に従うほかない」とあきらめてしまうものです。

でも、それってすごくもったいないことですよね。

そこで提案です。また自分軸の話ですが、自分をしっかりともちつつ、その上で今の組織について、あるいは今の会社のやり方について理解を深めてみてください。思春期というのは悪くいえば短絡的な「正しさ」にこだわってしまい、融通が利きにくいものです。そのため、「なぜこの会社はその方法を取り入れているのか?」「そのメリットは何なのか?」「その方法が生み出す問題点は何なのか?」について、**まず「理解」してみることが大切**です。

すると、メリットとデメリットが見つかってくるものです。

ある事例をご紹介しましょう。職場から無駄な会議を一掃したケースです。

彼は毎週のように開かれる中身の薄い会議に疑問をもちました。それに気づいた彼は「何の意味があるんですかね?」と先輩に毒づいていたんですね。しかし、その会議がお互いのコミュニケーションを図ることを目的としていることと、上司が部下の状況を把握することに役立っていることに気づきました。

そこで彼は先輩と相談を重ねつつ、懇親を目的とした場と、物事を決定する会議を別にすることを思い立ち、その先輩を巻き込んで上司に提案してみたのです。この「先輩を巻き込んで」というのが成功の秘訣でした。**ひとりで提案するよりもより効果的に物事が進みます**から。

そこで、懇親を目的とした場として「朝礼」を提案し、毎週月曜日か火曜日の朝、それぞれの状況について報告する場を設け、会議は議題が上がったときにのみ開催するようになったのです。

その朝礼では、公私を含めた今の自分の状況を部員それぞれが発表する場となりました。はじめはぎこちなかったものの、上司自ら最近の夫婦ゲンカによって小遣いを削減された話を面白おかしく暴露するなど徐々にオープンな場となり、以前よりもずっと部内の風通しがよくなりました。その一方で、会議は短時間で目的をもったものとなり、それまでのように数時間もだらだらと続くことはなくなったそうです。

彼はその後も、まわりを巻き込みながらさまざまな提案を通していくことに成功し、1年後にはその部署の業績が上がり、職位も年俸も一気に上がりました。

社会人としての反抗期もやり方次第によっては会社そのものを変えるきっかけになるのです。

もちろん、ひとりで孤軍奮闘する必要はなく、自分の意見に耳を傾けてくれる先輩や同僚がいてこそ成り立つのです。

このことは、恋愛や夫婦関係にもいえることです。急に冷めることや、これまで溜まっていた不満が爆発するときがあるでしょう。そこで一気に解消する前に、一度冷静に関係性を問い直せば、もしくは周囲の人たちに相談することで、思いがけない道が開けることもあるのです。

✸それはあなたのお守りに！　ポケットに辞表を忍ばせて

行動を起こすかどうか迷うときがあります。

あなたは自分のことをどれくらい信じられるでしょうか？　そしてどれくらい自分のことを高く評価しているでしょうか？

つまり、どれくらい**今の自分に自信がもてるか**が大事なのです。ここで自己評価が低いと、他者評価に依存することとなり、他人軸になってしまいます。それだと自分が行動を起こす際にどうしても受け身に回ってしまいます。

「こんな実力のない自分なんて転職しても同じことをくり返すだけ」とか「ほかの人はうまくやっているのに、あの上司とうまくできないのは自分がダメだからだ」と思い込んでしまったら、思い切った行動はできませんよね。

それは転職すべきかどうか、という課題のときはもちろんですが、自分が取り組みたいプロジェクトがあってもそれを提案することにためらってしまうでしょうし、部内の意思疎通に問題があると気づいたときも改善案を提出する勇気がもてないでしょう。

そんなとき、私は相談者にちょっと過激な宿題を出してみることがあります。「**辞表を書いてみてください**」と。

一度、「辞める」ということに意識を向けてみることで、視点を変えるのです。「死んだ気になりゃなんでもできる」という昔ながらの言葉がありますが、それをアレンジしたようなものです。そうすると、不思議なことに気持ちが強く、大きくなって、今までなら我慢してしまっていたことも上司にどんどん言えるようになるし、取引先に対しても今までとは違う強い態度

に出ることができるようになります。

もちろんその一方で、辞表を書いたら清々しい気持ちになって、「やっぱりこの会社を辞めたいと思っていたんだ」と本音に気づく方もいます。

ある人は、いつもスーツの内ポケットに辞表を忍ばせて出勤していました。

彼は古い考え方の上司といつも衝突し、ずっと我慢をくり返してきたのですが、「いざとなればこの辞表を叩きつけてやる！」と思いながら上司と話をしてみると、不思議なことにそんなに抵抗なく彼の意見を上司が受け入れるようになったそうです。その後も、不思議と彼の意見を上司は尊重してくれるようになりました。

ある日、上司との面談で彼は意外な言葉を耳にします。

「最近の君をとても頼もしく思っている。以前は実力はあるがどこかひ弱な感じがして、素晴らしい提案をもってきてくれてもイマイチ説得力に欠けていた。しかし、最近の君は一皮剥けたように意思の強さを感じるし、きちんと筋が通った提案をいつも上げてくる。何かあったのかね？」

辞表を書く、というのは**「覚悟をもつ」**ことにつながります。そうすると自分では気づかないうちに意識が変わり、積極的になれたり、強く出られたり、意思をはっきりもてるようになったりするのです。

ご紹介したのは仕事編ですが、夫婦編でも相談に来られた方に**「離婚届」**を書いてみることをおすすめすることもあります。

どちらにしても一度、意識を反対側に振ってしまうことで見方が変わるし、しっかり「今」と向き合おうという覚悟が生まれるのです。

エピローグ

それぞれの「愛し方」を受け取ってみる

Story 6

本当に
やりたかったこと

BOOK

「敏感すぎるあなたが
ラクになる方法」

発売即
重版決定!

心理カウンセラー
風早ちはる/著

話題の本

風早ちはる先生サイン会

ずらり

どうも
ありがとう

ありがとう
ございます

すっ

あのっ

風早先生!

この本のおかげで
母との関係がラクになりました
本当にありがとうございます
こちらこそ
読んでくれてありがとう
──今頃
春日は何してますかねぇ
あらっ✿
新戸さんにはナシのつぶて？
え

すっ
From：春日理香
風早先生
重版、
おめでとうございます!!
私と同じ
体験をしている
たくさんの人のために
この本が役立つこと
ロンドンから
願っております!!
サイン会
お手伝いできなくて
すみません
あと 新戸さんに
よろしくお伝え
ください
「嫌ってませんよ！」
と♥
――はは

――もう
ライターの仕事は
お願いできなく
なったけど
日本に帰ってきたら
同じ編集者同士
お互い　いい本
つくろうな！
春日！
ロンドン
――もしもし
あ　お母さん？

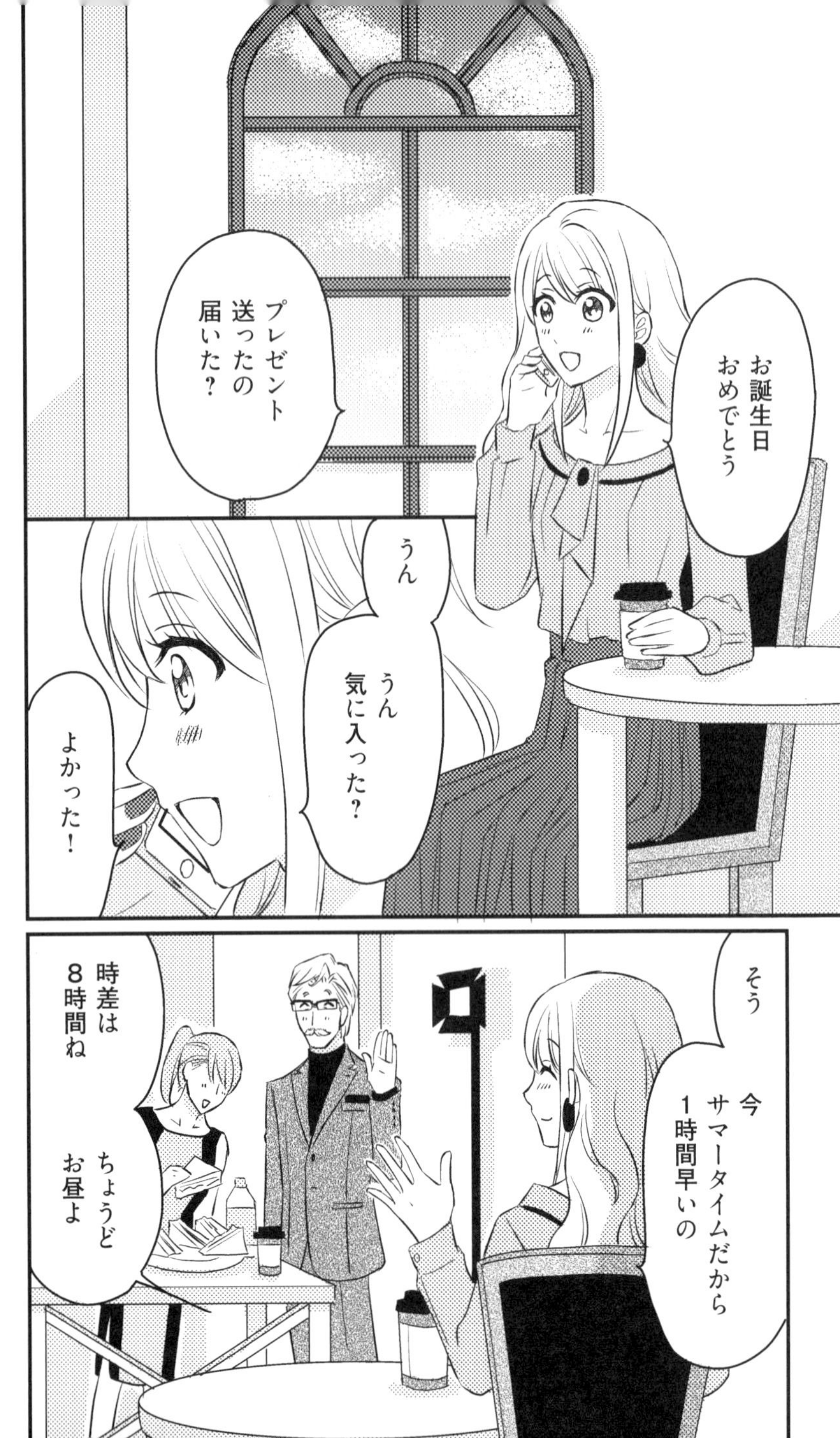
お誕生日
おめでとう
プレゼント
送ったの
届いた？
うん
うん
気に入った？
よかった！
そう
今
サマータイムだから
1時間早いの
時差は
8時間ね
ちょうど
お昼よ

うん
うん
ありがとう
いろいろ
わがまま言って
ごめんなさい
——本当に
ありがとうね
お母さん——

あなたは無条件に愛されるにふさわしい存在

「人に嫌われてもいい」という言葉を、まずは20回つぶやいてみてください。

どんな気持ちがするでしょうか？　心がザワザワしますか？　それともスーッと気分が軽くなりますか？

もし、気分が軽くなる方はこの言葉がちょうど役に立つタイミングです。毎日意識的に30〜50回ほどつぶやいてみてください。

1カ月ほどで人に対して感じている壁がなくなっていることに気がつけるでしょう。

もし、この言葉に抵抗がある方は、少し心の中を整理してみましょう。

「人に嫌われると困ること」をできるだけたくさん書き出してみます。最低でも10個は書き出したいところです。

☑ **孤立**して**寂しい思い**をする
☑ 誰からも**相手にされない**
☑ **嫌な噂**を流されてみんなから**バカにされる**
☑ **困ったこと**が起きても**誰も助けてくれない**
☑ **ひとりぼっち**で毎日が**つまらなくなる**

などなど。書き出しているだけで心が沈みそうになるかもしれませんが、そこはちょっと頑張ってくださいね。これを書き出すだけで心が軽くなる人もいます。

「もうこれ以上は浮かばないな」と思ったら、検証作業に入りましょう。

「**なぜ、そう思うの？　なぜ、そうなることを知っているの？**」という問いを自分自身に投げかけていきます。「人から嫌われると孤立して寂しい思いをするってなぜ知っているの？」と自分の心に問いかけるのです。

そうすると、過去に嫌われて寂しい思いをした体験が思い浮かんだり、あるいは、そういう目にあっている人を目の当たりにしていたり、あるいは、そういう話をよく耳にした思い出が脳裏に浮かんでくると思います。

それを忘れないようにメモして、リストアップし、すべての「人に嫌われると困ること」に対して行います。

嫌われたくないという怖れの気持ちが強いときは、心の傷がうずいているときです。怖れは防衛本能の役割をもっていて、過去に痛い思い、つらい思いをした経験を回避するために湧き上がってくる感情です。

そうした過去のつらい経験を癒すには、その出来事を詳しく思い出してノートに書き出したり、カウンセラーに話を聞いてもらったりします。それだけで心がすっきりすることも少なくありません。**「話すことは放す（離す）こと」**と言われるように、つらい経験もそれを誰かに共感してもらうことで解消されていくものです。

あるいは、「それはもう過去のことだよね」と認識することで、徐々にそのうずきがおさまっていくこともあります。

過去の体験に対してまだ「他人軸」でいる人に私がよく提案する方法として、**「出さない手紙」**というワークがあります。つらい思いをさせられた特定の相手に対して今思っている素直な気持ちをお手紙形式で書いてみるのです。

1度で終えず、週に1回、1～2カ月ほど続けてみると、心の中に占めるその人の割合が減り、その分だけ心が軽くなります。こうして「嫌われたくないという気持ちが生まれる原因」を取り除いていく方法も効果的です。

また、ちょっと刺激的かもしれませんが、冒頭で紹介した「人に嫌われてもいい」というアファメーションに加えて、その嫌われた結果の心境を言い換える方法もあります。これはインパクトも大きいのですが、その分、効果も期待できる方法です。

☑ **孤立**して**寂しい思い**をしても**大丈夫！**

☑ 誰からも**相手にされなくなっても大丈夫！**

☑ **嫌な噂**を流されてみんなから**バカにされても大丈夫！**

☑ **困ったこと**が起きても**誰も助けてくれなくても大丈夫！**

☑ **ひとりぼっち**で毎日が**つまらなくなっても大丈夫！**

というふうに**「〜になっても大丈夫！」**という言葉で言い換えるのです。

抵抗を感じるかもしれませんが、その分、意識を変えるのに大きく役立ちます。

ただし、あまりに抵抗がきつかったら逆効果になるのでやめましょう。

嫌われたくないという気持ちを手放すと、「嫌われても大丈夫」という思いが出てくるだけでなく、「自分が嫌われる」という発想がなくなる」という状態になります。自分が人から嫌われることが想像できなくなるのです。この状態って、ある意味最強だと思いませんか？　みなさんもぜひ自分がそうなった状態を想像してみてください。

✸あなたが愛されている証拠を探す

あなたは無条件に愛されるにふさわしい存在です。しかし、人に気をつかい、場の空気を読み、誰かのために頑張っていると、いつしかそんな大切なことを忘れてしまうものです。

そこで、「自分が愛されている（愛されていた）証拠を見つける」ために、まず今の人間関係を振り返ってみましょう。それができたら今まで出会った人たちを思い出してみてください。

そうした中からあなたが愛されている証拠、愛されていた証拠を探します。

☑誰かから**やさしくされた**こと
☑誰かに**助けられた**こと
☑誰かに**支えてもらった**こと
☑誰かとの**つながりを感じていた**こと

☑誰かからちゃんと**見守られていた**こと
☑誰かから**愛されていた**こと

「愛されていない」ではなく、「愛されていた」という前提で自分の人生を振り返ってみます。

これを1カ月ほど続けると「前提」が変わります。「愛されていない」という思い込みが「愛されていた」という思い込みに変わるのです。

それは人生を揺るがす大きな変化をあなたに与えてくれるかもしれません。

✸「あの人」の愛し方を知る

私たちにはそれぞれ「愛し方」があります。

しかし、私たちは**自分が望んでいる愛し方で愛してほしいと思っているので、往々にして愛**

を受け取れないことが起きるのです。

たとえば、ある人は「ストレートな言葉」で愛を表現します。これはわかりやすいですね。

けれども、ある人は遠回しな言葉で愛を示すこともあります。恥ずかしさや罪悪感などの理由で素直に愛の言葉が言えず、口を開けば否定的な言葉が出てきてしまうタイプです。

また、ある人は「モノ」で愛を示します。何かとプレゼントしてくれたり、お金を出してくれたりすることが愛情表現なのです。「父親はわかりやすい愛情表現はしてくれなかったけれど、私の進学には一切口を出さず、黙って学費を出してくれた」というケースです。

それから「尽くす」という愛し方をする人も日本人には多いかもしれません。あれこれ世話を焼く、面倒を見ることで愛情を示そうとするのです。ときには過干渉な一面も見えますが、これはまだわかりやすい愛し方かもしれません。

そして、遠くから見守るという愛し方をする人もいます。

一見、自分に何も興味がないような振る舞いをしながらも、じつはとても気にしています。

「心配する」という愛し方をする人も珍しくありません。「あれ大丈夫？　ちゃんとやってる？」と心配症かと思うくらいあれこれ口出しをしてくるのでウザいのですが、じつはそれが愛情表現なのです。

これらは**「あの人の中には愛がある」という前提で見ないと、なかなか見つからないことが多い**ものかもしれません。

さて、あなたのまわりの人、そしてあなたのご両親やパートナーはどんなふうに愛する人でしょうか？　それを受け取ってみませんか？

そして、もちろん、自分自身がどのような愛し方をする人なのかも、合わせて振り返ってみましょう。

✸「与える」という愛の行動に結びつける

敏感すぎる人は、それだけで「人の気持ちをわかってあげられる」という価値をもっています。**それは「与える」という、愛する行為のひとつ**です。

「与える」とは、**「相手が喜ぶことをしてあげて、それが自分も嬉しいこと」**と私は定義しています。ここでは見返りは求めません。

「あなたを喜ばせてあげたんだから、ちゃんと喜んでよ」と相手の態度を束縛することは、**「取引」**といって与えることではありませんし、また**「相手が喜ぶことをしてあげたけど、私は嬉しくない」**という行為は、**「犠牲」**といってやはり与えることとは違います。

「取引」も「犠牲」も、愛からの行動ではないのでしんどいし、疲れるし、モヤモヤした気分になってしまうものです。

敏感すぎる人は、相手が何を求めているのかを知ることが上手にできますよね。だからこそ、つい頑張りすぎたり、犠牲になったりしてしまって疲れてしまいます。

ですが、「自分軸」を確立したあなたは、行動を選択することができます。自分の心の状態や状況を見て、「与えるかどうか?」を選ぶことができるようになっています。

「あぁ、今あの子は話を聞いてほしいんだな。でも、私もちょっと余裕がないし、ゴメン！この仕事が今日中に終わったら時間つくってあげる」

「上司は今、手が回ってなくて誰かのサポートを必要としているんだな。今ちょっと余裕があるから声をかけてみようか」

こんなふうに、相手の気持ちを察すると同時に、自分の状況を見て行動を選択することができます。これってすごく気持ちがラクなことだと思いませんか？

敏感すぎる人は与えることも上手です。まず、その価値を受け取ってくださいね。

後輩の話を聞いてあげている最中も、相手が心地いいように配慮することができますし、上司の仕事を手伝うときも、彼のプライドを傷つけない行動が自然とわかります。

だからこそ、「自分軸」であることが必須条件です。その上で「与える」という行動を意識してみると、肩の力が抜けた自然体の行動がとれるようになるのです。

✸今までかかわってくれた人たちに感謝を

「感謝する」も愛する行為のひとつです。

「ありがとう」と感謝することは、相手の気持ちを受け取ることになります。人は誰かの役に立ちたい、喜ばせたい、という欲求を潜在的にもっているので、「ありがとう！」と受け取ってくれる人は慕われ、自然と人から求められるようになります。

では、この「受け取るワーク」を実践してみることにしましょう。まず、あなたが今までかかわってきた人たちを思い浮かべます。そして、ピンときた人に**「感謝の手紙」**を書いてみるのです。

それは誰でもかまいません。会ったことはないけれど、つらかったときに支えになってくれたアーティスト、読むといつも励みになった本の著者などでもかまいません。

できればちょっと質のいい便箋を用意して、その人宛てに感謝の手紙を書きます。思いつく順番で一人ひとりに手紙を書いていくと、不思議と心が温かくなり、自分がいかに愛されてきたのか、恵まれているのか、そして助けられてきたのかを実感することができます。

同じ人に何通書いてもいいですし、ポストに出さなくてもいいです。

あまり負担にならないように1日1人と決めて1~2カ月続けてみましょう（だいたい30人~50人くらいに手紙を書くつもりで）。このワークはちょっとめんどくさく感じるかもしれませんが、だんだん心が軽く、明るくなり、自由になっていくことが感じられるはずです。

手紙の長さもまったく自由です。数行で終わる場合もあれば、便箋何枚にもわたることもあるでしょう。

誰かに感謝の思いを伝えることは、愛とつながる行為にほかなりません。かつて嫌な思いをして別れたパートナーにも、確執のあるご両親に対しても、**感謝することで、そのネガティブな感情を手放すことができる**ようになります。

また、感謝の手紙を書きはじめると、書きたい相手が次々と浮かび上がってくるものです。そのたびに自分がいかに多くの人に支えられてきたのかが実感できて、それだけで幸せな気持ちになっていきます。

私たちは意識しようとしまいと、本当は人から愛されて今を生きているのです。このワークはその「事実」をまざまざと見せつけてくれるものだと思います。時間をつくり、ぜひその効果を実感してみてくださいね。

「ありがとう」という言葉には最大のヒーリング効果があるのです。

✸「お察し力」は、どれだけ人を喜ばせてきたか？

人の気持ちを察して先回りして行動したり、場の空気を読んで発言を控えたり、まわりの人の気持ちを考えて嫌なことを我慢してやったり、その行為はときに犠牲になることも多く、疲れてしまうもの。

ですが、その一方で、そうしたあなたの行動に助けられた人、喜んでくれた人はきっといるはずです。

私は**察する能力は長所**だと思っています。長所というのは、それを与えることで誰かを喜ばせ、幸せにすることができるものです。本書の締めくくりとして、「あなたの察する能力はどのように人を助け、喜ばせてきたか」について考えていただければと思います。

その前提として、「人は目に見えている態度がすべてではない」という、ある意味当たり前の心理を紹介しておきたいと思います。

あなたが人の気持ちを察して行動したときに、本当はありがたく思ったけれどシャイな性格が災いして、ぶっきらぼうな態度をとってしまった人もいるのではないでしょうか？

また、そのときに本当は嬉しかったのだけど、まわりの人の目を気にして何も言えなかった人がいることは想像できるでしょうか？

そのときは目の前のことに必死で余裕がなかったけれど、後々あなたに感謝している人がいることもまた事実ではないかと思います。

私たちにとって目に見えるものだけがすべてではありません。

あなたが今まで手を差し伸べ、気をつかい、我慢することで助けられた人、喜んでくれた人、幸せを感じた人はきっといます。

さあ、それは誰でしょうか？　そして、もし彼らがあなたに感謝しているとしたら、あなたはどのような気持ちになるでしょうか？

本当に
ありがとう
ございます
こちらこそ
読んでくれて
ありがとう

【著者プロフィール】
根本 裕幸（ねもと・ひろゆき）

心理カウンセラー。

1972年生まれ。大阪府在住。1997年より神戸メンタルサービス代表・平準司氏に師事。

2000年よりプロのカウンセラーとして、延べ20,000本以上のカウンセリングと年間100本以上のセミナーを行う。

2015年4月よりフリーのカウンセラー、講師、作家として活動を始める。

オフィシャルブログ：http://nemotohiroyuki.jp/

編集協力・本文デザイン・シナリオ制作／
ユニバーサル・パブリシング株式会社
カバーイラスト・作画／ひげ羽扇

**マンガでやさしくわかる
敏感すぎるあなたがラクになる方法**

2019年6月30日　初版第1刷発行

著　者 —— 根本 裕幸 © 2019 Hiroyuki Nemoto
発行者 —— 張 士洛
発行所 —— 日本能率協会マネジメントセンター

〒103-6009 東京都中央区日本橋2-7-1　東京日本橋タワー
TEL 03 (6362) 4339 (編集) ／ 03 (6362) 4558 (販売)
FAX 03 (3272) 8128 (編集) ／ 03 (3272) 8127 (販売)
http://www.jmam.co.jp/

装丁————ホリウチミホ（ニクスイング）
本文DTP——ユニバーサル・パブリシング株式会社
印刷・製本———三松堂株式会社

本書の内容の一部または全部を無断で複写複製（コピー）することは、法律で認められた場合を除き、著作者および出版者の権利の侵害となりますので、あらかじめ小社あて許諾を求めてください。

ISBN 978-4-8207-3172-6 C0011
落丁・乱丁はおとりかえします。
PRINTED IN JAPAN